# Thomas Bühner

Süddeutsche Zeitung Edition

Bibliothek der Köche

# Thomas Bühner

Text: Ingo Swoboda
Fotografie: Bernd Grundmann

Süddeutsche Zeitung Edition

Bibliothek der Köche

Sylt
Rostock-Warnemünde
Hamburg
Osnabrück
Hameln
Leipzig
Köln
Bergisch Gladbach
Frankfurt am Main
Stromberg
Mainz
Bayreuth
Naurath/Wald
Nürnberg
Zweibrücken
Herxheim
Stuttgart
München
Tegernsee

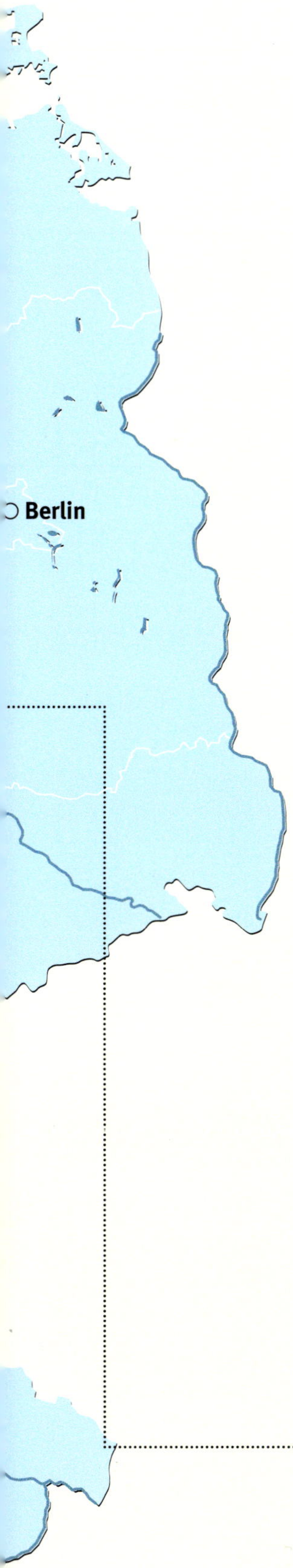


# OSNABRÜCKER LAND

**DIE BIBLIOTHEK DER KÖCHE**

1. *Dieter Müller/Nils Henkel* **Bergisches Land**
2. *Johannes King* **Sylt**
3. *Harald Rüssel* **Mosel**
4. *Martin Fauster* **München**
5. *Martin Göschel* **Frankfurt**
6. *Ali Güngörmüs* **Hamburg**
7. *Thomas Kellermann* **Berlin**
8. *Jörg Glauben* **Pfalz**
9. *Eric Menchon* **Köln**
10. *Alexander Herrmann* **Oberfranken**
11. *Frank Buchholz* **Rhein-Main**
12. *Tillmann Hahn* **Mecklenburger Bucht**
13. *Peter Maria Schnurr* **Sachsen**
14. *Bernhard Diers* **Stuttgart**
15. *Michael Fell* **Oberbayern**
16. *Thomas Bühner* **Osnabrücker Land**
17. *Andree Köthe/Yves Ollech* **Mittelfranken**
18. *Karl-Emil Kuntz* **Mittlerer Oberrhein**
19. *Achim Schwekendiek* **Weserbergland**
20. *Johann Lafer* **Hunsrück**

# INHALT

# INHALT

# INHALT

# INHALT

la vi

*Ausgezeichnetes Restaurant: hinter der denkmalgeschützten Sandsteinfassade des klassizistischen Gebäudes verbirgt sich das Genuss-Refugium „la vie“*

la vie

# Bühne frei für Gaumenfreuden

Der Weg zu Thomas Bühner führt direkt in die Fußgängerzone von Osnabrück, doch der unschätzbare Luxus eines aufmerksamen Wagenmeisters nimmt der nervigen Parkplatzsuche jede Anspannung und lässt den Besuch im Restaurant „la vie" mit einer großzügigen und für den Autofahrer entlastenden Geste beginnen. Das Wohlbefinden des Gastes beginnt bereits vor der Tür des stattlichen und repräsentativen Hauses, einem klassizistischen Gebäude, hinter dessen denkmalgeschützter Sandsteinfassade sich ein Genuss-Refugium verbirgt, wie es nur wenige in Deutschland gibt. Gastgeberin Thayarni Kanagaratnam empfängt die Gäste in aller Ruhe mit einer unwiderstehlich natürlichen Freundlichkeit, als hätte das ganze Team des Restaurants nur auf diesen Augenblick gewartet. Der Gast ist nicht nur angekommen, er ist längst in ein Ambiente eingetaucht, das mit seinem schicken modernen Interieur, ausgestattet und arrangiert in warmen Farbtönen und sanften Formen, Geborgenheit ausstrahlt. Das „la vie" ist ein Genuss-Tempel im besten Sinne des Wortes, ein erlebenswertes Restaurant auf der Höhe der Zeit, über dem eine entspannte Ruhe liegt, eine angenehme Lockerheit, die in keinem Moment an Stil und Klasse verliert und die der Spannung auf die Küche von Thomas Bühner keinen Abbruch tut. Im Gegenteil. Was sich Thomas Bühner am Herd ausdenkt, was er an Innovation, handwerklichem Können, Kreativität, Rück- und Ausblick, Moderne und Tradition in ein Gericht legt, ist bemerkenswert. In vielen Arrangements richtungweisend, ist Bühner Stylist, Trendsetter, Bewahrer und Avantgardist in einem, ein

la vie

# THOMAS BÜHNER

außergewöhnlicher Koch und ein nachdenklicher Charakter mit gesundem Menschenverstand und klaren Vorstellungen und Zielen und der dazugehörigen Beharrlichkeit. Thomas Bühner ist Westfale und er strahlt jene scheinbar unerschütterliche Gelassenheit aus, die Land und Leute verbindet, eine Ruhe, die dem Leben gleichsam interessiert und willensstark begegnet.

Dass Thomas Bühner Koch geworden ist, noch dazu einer der besten der Republik, hängt mit diesem Willen zusammen, mit der westfälischen Beharrlichkeit, Herausforderungen gerade in schwierigen Situationen zu sehen, anzunehmen und zu meistern. Als sich die Schulzeit dem Ende nähert, ist Thomas Bühner nicht nur unentschlossen, sondern er hat, ganz im Gegensatz zu seinem Zwillingsbruder, der Tischler werden möchte, keine richtige Vorstellung, wohin die berufliche Reise gehen könnte. Erst die Resultate eines ausgedehnten Eignungstests des Arbeitsamtes bringen ihn auf den Gedanken, eine Kochlehre zu beginnen. Was sich allerdings dahinter verbirgt, davon hat Thomas Bühner zu diesem Zeitpunkt noch keine Ahnung. Er weiß nur eines: wenn schon Koch, dann ein guter und vielleicht sogar einer der Besten. Der Freundeskreis reagiert auf die Berufswahl mit Staunen. Es sind die 1970er Jahre, Banklehren stehen ganz vorne auf der Beliebtheitsskala, dagegen gelten handwerkliche Berufe, zumal in der Gastronomie, als unattraktiv.

Thomas Bühner beginnt seine Kochlehre im „Schweizer Haus“ in Paderborn und wird gleich mit dem harten Küchenalltag konfrontiert. Als Lehrling lernt er die straffe Hierarchie der Küche kennen und Thomas Bühner tut sich schwer in dem neuen Umfeld. Er könnte die Lehre sofort abbrechen, seine Eltern stehen hinter ihm. Aber Bühner denkt nicht ans Aufgeben, er möchte eine gute Arbeit abliefern und mit erhobenem Haupt und geradem Blick nach Abschluss der Lehre aus der Küche gehen können. Nach einem offenen Gespräch mit

*Das „la vie“ überzeugt mit seinem schicken modernen Interieur, ausgestattet und arrangiert in warmen Farbtönen und sanften Formen*

dem Küchenchef gibt es für Thomas Bühner einen „Neustart“ in der Küche des „Schweizer Hofes“, die Stimmung bessert sich und Bühner entdeckt nach und nach die Leidenschaft für seinen Beruf. Das Kochen fängt an ihm Spaß zu machen und Bühner erkennt die Möglichkeiten, die sich in diesem Berufsfeld bieten, wenn Ehrgeiz und Können in Balance gebracht werden.

Erste Station nach der Lehre ist das Hotel Hilton in Düsseldorf, in der Küche von Günter Scherrer kommt

Thomas Bühner in einer völlig neuen Welt an. Rund 55 Köche arbeiten unter Regie des charismatischen Küchenchefs, von bodenständigen Gerichten bis zum mehrgängigen Gourmet-Menü wird das volle Koch-Programm absolviert, selbstverständlich alles frisch zubereitet. Entsprechend diszipliniert ist die Organisation und vielfältig die Produktpalette, kaum etwas aus Wald, Wiese, Meer und Fluss, was nicht durch die unermüdlich aktiven Hände von Günter Scherrer und seinen Köchen geht. Thomas Bühner ist begeistert von dieser Vielfalt und den damit verbundenen Möglichkeiten der Zubereitung. Jetzt bekommt das Kochen für ihn eine neue Dimension, Thomas Bühner spürt, wie sich seine Neugier mit dem Machbaren am Herd verbindet und wie seine Phantasie beflügelt wird. Die kulinarischen Träume des jungen Kochs bekommen realistische Züge, finden zunehmend die Form und das Gerüst, das die Grundlage für Bühners weiteren Weg in die Spitze der deutschen Kochszene festigt. Auch unterschiedliche Erfahrungen müssen diese Entwicklung begleiten, darüber ist sich Thomas Bühner immer bewusst. Von Düsseldorf wechselt er an die Elbe, für den Westfalen ist der Schritt nach Hamburg auch ein Ausflug in das Flair der großen weiten Welt, das die hanseatisch geprägte Großstadt umgibt. Im renommierten Landhaus Scherrer passt sich Bühner schnell in die routinierte Küchencrew ein, doch nach sechs Monaten lockt ihn ein Angebot aus Lippstadt nach Westfalen zurück. Im „Grand Cru" bekommt Thomas Bühner an der Seite von Küchenchef Johannes Meyer neue Einblicke in die sensible Kunst des feinen Kochens, durchläuft in der kleinen Restaurant-Küche alle Posten, gewinnt an Sicherheit

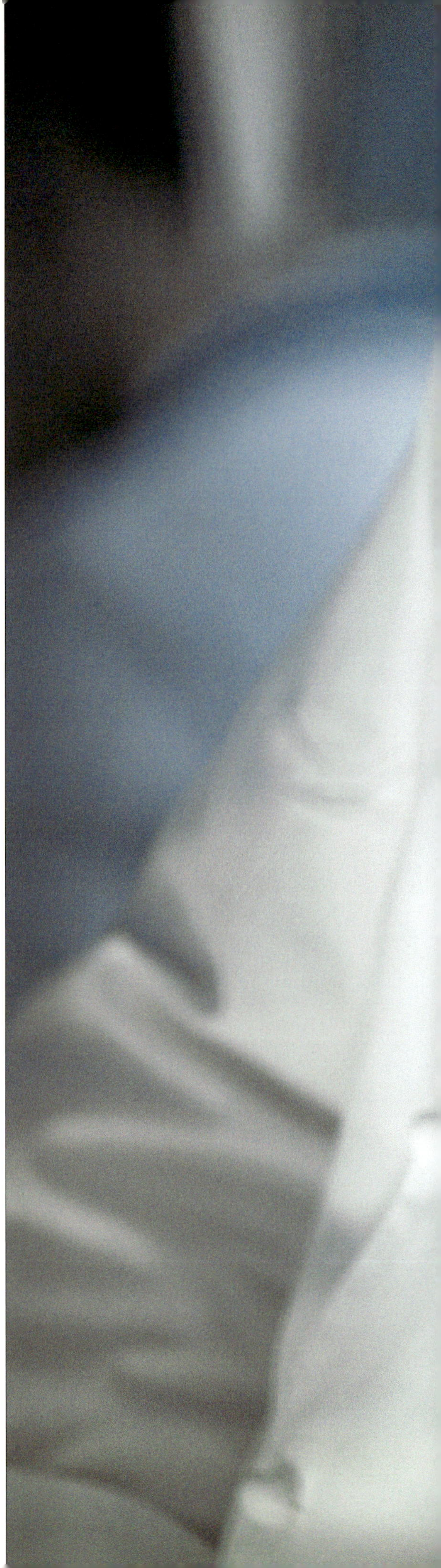

*Thomas Bühner ist Stylist, Trendsetter, Bewahrer und Avantgardist in einem*

la vie

und kann an seinen Fähigkeiten feilen. Nach einem Jahr in der alten Heimat führt ihn der Weg zurück nach Hamburg und Thomas Bühner taucht für einige Monate in die italienische Restaurantwelt ein. Das „Il Ristorante“ an den Großen Bleichen bietet seinen Gästen ein gutes Stück „Dolce Vita“, auch die Köche profitieren von der lockeren Lebensart, die durch das Restaurant weht. Im Rückblick nennt Bühner sein italienisches Gastspiel in der Hansestadt „Kakao für die Seele“, eine gute Zeit inmitten einer klassisch und edel ausgerichteten italienischen Küche.

## Von Sylt in den Schwarzwald

Jörg Müller gehört zweifelsohne zu den markantesten Köchen Deutschlands und seine Verdienste um die Weiterentwicklung der deutschen Kochkunst sind unbestritten. Seit 1983 kocht der Badener auf Sylt und seine Küche wird für Thomas Bühner zu einer wichtigen Station während seiner Wanderjahre. Der Wechsel auf die Insel bringt Bühner noch einmal neue Einsichten in die Vielfalt der Produkte und deren unterschiedliches Potenzial für die Zubereitung. Die Tage am Herd sind lang und anstrengend, die konzentrierte Arbeit zieht sich meist bis spät in die Nacht hinein. Kondition ist gefragt und Thomas Bühner spürt den Druck, der mit den Anforderungen an Qualität und den Ansprüchen an eine Gourmet-Küche steigt. Die Leistungen, die eine Küchencrew unter dieser Anspannung vollbringt und die keine Nachlässigkeit verzeihen, sind immens und fordern Kräfte, die nur mit viel Leidenschaft zum Beruf freigesetzt werden können. Thomas Bühner hat diese Leidenschaft und den unbedingten Willen, seine Karriere am Herd um eine weitere renommierte Restaurant-Küche zu bereichern.

Sein nächstes Ziel ist die „Schwarzwaldstube" in Baiersbronn, das Restaurant im „Hotel Traube Tonbach" wurde unter seinem Küchenchef Harald Wohlfahrt zu einer der besten Gourmet-Adressen Deutschlands. Thomas Bühner reist voller Respekt vor dem Meisterkoch zum Vorstellungsgespräch in den Schwarzwald und bekommt den Zuschlag. Kurz vor Weihnachten 1989 ist es so weit, Bühner tritt seine Stelle in Wohlfahrts Küche an. Die Perfektion, mit der Harald Wohlfahrt sein Handwerk angeht und aus der das ganze Spektrum seines außergewöhnlichen Könnens erwächst, das immer aufs Neue in sich stimmige Arrangements kreiert, beeindruckt Thomas Bühner. Doch er findet sich nicht gleich in den Rhythmus der Küche ein und es bedarf einer gewissen Anlaufzeit, bis Bühner neben der Mitarbeit auch seine Rolle als Meisterschüler annimmt. Wohlfahrt fordert mit dem sicheren Gespür für das Machbare, aber er fördert auch und lässt Thomas Bühner seinen eigenen Stil entwickeln. Keine gedankenlose Kopie des Meisters, Wohlfahrt-Schüler zu sein bedeutet vielmehr Talentförderung mit individuellen Zügen und ein Anstoßen zum Entdecken der eigenen Kreativität, um damit den vielfältigen Möglichkeiten der Kochkunst gerecht zu werden und als Persönlichkeit eigene Akzente zu setzen und zu verantworten. Thomas Bühner hat in der Küche der Schwarzwaldstuben seine Lektionen gelernt, menschlich wie fachlich hat ihn die Zeit bei Harald Wohlfahrt ein entscheidendes Stück nach vorne gebracht.

## Neuorientierung

Der Abschied vom Schwarzwald fällt Thomas Bühner nicht ganz leicht, aber er möchte vor einem neuen Engagement den Lehrgang zum Küchenmeister absolvieren und zieht nach Heidelberg. Es werden unbeschwerte Monate in der Stadt am Neckar, Bühner genießt neben den Schulstunden sein „Studentendasein". Mit dem Meisterbrief in der Tasche tritt Bühner eine neue Stelle im Restaurant „Burgbrunnen" in Stolberg an, zum ersten Mal ist er als Küchenchef für die Speisenkarte allein verantwortlich. Das kleine Restaurant in der Nähe von Aachen gilt in der Region als Geheimtipp, Thomas Bühners klassisch französisch geprägte Küche erhält erste Auszeichnungen. Seinen Wohnsitz hat er zu dieser Zeit im nahen Belgien, in Theux findet er in einem alten Schloss eine komfortable Wohnung, ein kleiner Luxus und relaxter Ausgleich für die langen Arbeitstage am Herd. Als die Zeit für einen Wechsel gekommen ist, schaut sich Thomas Bühner quer durch die Republik nach einem geeigneten Arbeitsplatz um. Er ist offen für neue Herausforderungen, blättert in einschlägigen Fachmagazinen nach Stellenangeboten und findet schließlich eine Annonce, die ihn interessiert. Das Restaurant im Casino Dortmund-Hohensyburg sucht einen neuen Küchenchef und Thomas Bühner macht sich zu einem Sondierungsgespräch mit dem Betreiber der Casino-Gastronomie ins Ruhrgebiet auf. Der erste Eindruck des Restaurants wirkt auf ihn zunächst nicht überzeugend, doch die Entwicklungschancen und Perspektiven, die sich ihm in Hohensyburg bieten, machen ihm die Entscheidung leicht. Am Ende des Gesprächs ist klar: Thomas Bühner kommt ins „La Table" nach Hohensyburg. Bühners Ambitionen, das Restaurant weiter nach vorne zu bringen, sind groß, auch auf der Betreiberseite bestehen große Erwartungen und Hoffnungen für einen erfolgreichen Neustart.

*Elemente asiatischer Kultur unterstreichen den entspannten Charakter des Restaurant-Ambientes*

*Bühners bemerkenswerte Gerichte sind aus ideal zueinander passenden Proportionen, Konsistenzen, Gartemperaturen, Aromen und Schärfe kreiert*

Doch es dauerte einige Zeit, bis Thomas Bühner sein Team gefunden und sich die Küchencrew eingespielt hat. In kleinen Schritten geht es voran, Bühner fordert und motiviert seine Mannschaft zu Höchstleistungen und findet zu seinem Stil, der nach und nach auch die Kritiker überzeugt. Nach drei Jahren harter Arbeit kommt endlich die erhoffte Anerkennung, der Guide Michelin zeichnet Thomas Bühners Küche mit dem ersten Stern aus. Für den Küchenchef ist es Ansporn, jetzt auch zum zweiten Stern zu greifen, der drei Jahre später Realität wird. Thomas Bühner ist jetzt auf der kulinarischen Erfolgsstraße, das Restaurant „La Table" gehört zu den besten in Deutschland. Rund 15 Jahre bleibt Thomas Bühner in Hohensyburg mit viel Herzblut und Engagement erfolgreich für das Gourmet-Restaurant verantwortlich, doch als sich die Situation in der Geschäftsführung ändert, stehen die Zeichen auf Veränderung. Der Abschied aus Hohensyburg fällt ihm nicht leicht, doch er ist kühl, vergessen scheinen die außergewöhnlichen Leistungen von Bühner und seinem Team, die das Restaurant zu einem kulinarischen Magnet in der Region gemacht haben.

## La vie – Das neue Leben des Thomas Bühner

Zurück ins Leben voller kochender Leidenschaft findet Thomas Bühner im „la vie" in Osnabrück, das er gemeinsam mit seiner Partnerin Thayarni Kanagaratnam im April 2006 übernimmt. Das

neu gestaltete Restaurant ist nicht nur Motivationsschub, sondern beflügelt Thomas Bühner zu Höchstleistungen. Das führende Gourmet-Magazin DER FEINSCHMECKER zeichnet 2006 das „la vie" zum Restaurant des Jahres aus und der Guide Michelin bestätigt die beiden Sterne des Ausnahmekochs. Seine bemerkenswerten Gerichte, die aus ideal zueinander passenden Proportionen, Konsistenzen, Gartemperaturen, Aromen und Schärfe kreiert sind, zeugen von Talent, Können, Mut, Weitsicht, aber auch von der Beharrlichkeit, konsequent seinen Weg zu gehen, um einer der Besten zu sein.

Weinkrüger

*Die Bronzeskulptur des Künstlers Rainer Fetting von Willy Brandt hat ihren Standort im Innenhof der Deutschen Stiftung Friedensforschung*

# Entdeckenswerte Stadt mit Historie

Es gibt Städte in Deutschland, die durch bedeutende historische Ereignisse aus dem Dunkel der Geschichte herausgetreten sind, deren Namen jeder kennt und die dennoch im langen Schatten der Metropolen des Landes stehen. Osnabrück ist so eine Stadt, ein geschichtsträchtiger Ort, dessen Name vermutlich aus einer Verbindung der niederdeutschen Wörter „Ossen“ (Ochse) und „Brügge“ (Brücke) entstand. Gelegen inmitten des „Osnabrücker Hügellandes“ zwischen den Höhenzügen des Wiehengebirges im Norden und des Teutoburger Waldes im Süden, am linken Ufer der Hase, auf dem Weg zwischen Münster und Bremen, ist Osnabrück die drittgrößte Stadt in Niedersachsen und eines der Oberzentren des Bundeslandes. In seinen Mauern verbirgt sich eine spannende Historie, die Osnabrück im Laufe der Jahrhunderte geprägt hat und deren Spuren in der herausgeputzten Altstadt noch an vielen Orten zu sehen ist. Die Spuren führen weit in die Menschheitsgeschichte zurück, doch das erste historische Großereignis mit Folgen ist die so genannte „Varusschlacht“ im Osnabrücker Gebiet im Jahre 9 nach Christus. In einem Waldgebiet bei Kalkriese werden römische Truppen von Germanen unter Führung des Cheruskerfürsten Arminius in einen Hinterhalt gelockt und vernichtend geschlagen. Die römische Armee verliert drei Legionen, die Schlacht markiert den Anfang des Untergangs der römischen Herrschaft in Germanien.

Die eigentliche Stadtgeschichte Osnabrücks beginnt um das Jahr 780, als Karl der Große an einem Knotenpunkt alter Handelsstraßen eine Missionszelle gründet. Bis heute kreuzen sich hier die Wege von Skandinavien nach Westeuropa und von den Niederlanden nach Osteuropa. Wenige Jahre später wird der Missionsbezirk zum Bistum erhoben, der friesische Missionar Wiho ist erster Bischof von

*Im von Daniel Libeskind erbauten Felix-Nussbaum-Haus wird die weltweit größte Sammlung von Werken des in Osnabrück geborenen und in Auschwitz ermordeten Künstlers ausgestellt*

Osnabrück und begründet damit die große religiöse Tradition der Stadt als „Monasterium Osnabrugga", wozu Kirche, Bischofshof (Domstift) und Schule gehören. Zentrales Bauwerk des Bistums ist der spätromanische Dom Sankt Peter mit dem mächtigen achteckigen Vierungsturm, bis heute die Kathedral-Kirche des Bistums Osnabrück. Um das Jahr 1100 auf den Resten einer Vorgängerkirche errichtet, erhält der Dom erst im 13. Jahrhundert seine heutige Form. Der schlanke Nordwestturm zählt zu Deutschlands schönsten Türmen aus romanischer Zeit, der Zwillingsturm im Nordwesten wurde im 15. Jahrhundert durch einen spätgotischen Turm ersetzt. Von der reichen sakralen Innenausstattung ist im Laufe der wechselvollen Geschichte nur wenig erhalten geblieben, aus den wertvollen Güldentafeln wurden im Dreißigjährigen Krieg Münzen auf den Tod des schwedischen Königs Gustav Adolf geprägt.

## Turmgekröntes Osnabrück

Nach wie vor wird das Stadtbild von Osnabrück von Kirchen geprägt, die heutige Johanniskirche gilt mit ihrem hohen lichten Innenbereich im niedersächsisch-westfälischen Raum als ein herausragendes frühgotisches Bauwerk. Sehenswert sind der Kreuzgang, das Sakramentshaus aus Sandstein und die Schatzkammer, die an jedem ersten Samstag im Monat besichtigt werden kann. Die Katharinenkirche, die erst nach mehr als 200 Jahren Bauzeit gegen 1500 weitgehend fertig gestellt werden konnte, gilt mit ihrem rund 103 Meter hohen Turm als das höchste mittelalterliche Bauwerk Niedersachsens. Kurz vor Ende des Zweiten Weltkriegs schwer getroffen, stürzte das gewaltige Turmgewölbe ein und vernichtete das Kirchenschiff und große Teile der

*Osnabrück bietet neben historischen Sehenswürdigkeiten in der Altstadt auch viele Orte der Ruhe und Entspannung*

wertvollen sakralen Ausstattung. Der Wiederaufbau der Kirche begann bereits 1946, die heutige Ausstattung stammt überwiegend aus dieser Zeit. Reste des ehemaligen neugotischen Hochaltars sind im nördlichen Seitenschiff an der Ostwand zu sehen, der neugotische Leuchter wurde 1992 anhand von alten Fotos rekonstruiert. Die jüngste Kirche Osnabrücks ist die Lutherkirche, die nach nur zweijähriger Bauzeit im November 1909 eingeweiht wurde. Das vom Architekt Christian Friedrich Börgemann entworfene Gotteshaus gilt mit seinem Charakter eines Versammlungshauses als typisch für die protestantische Kirchenarchitektur zu Beginn des 20. Jahrhunderts. Im Zweiten Weltkrieg von schweren Zerstörungen weitgehend verschont, ist die Innenausstattung der Kirche noch im Original zu besichtigen, beeindruckend ist vor allem die Ausmalung des Innenraumes im Jugendstil. Die Kirche Sankt Marien am Osnabrücker Markt, deren Ursprünge wahrscheinlich bis ins 10. Jahrhundert zurückreichen, wurde im Laufe der Geschichte immer wieder umgebaut und erweitert. Erst im 13. Jahrhundert wurde das Gotteshaus um die beiden Seitenschiffe erweitert, zu Beginn des 14. Jahrhunderts bekam der Bau mit dem dreischiffigen Langhaus seinen noch heute prägenden Charakter einer gotischen Hallenkirche, die rund 100 Jahre später durch Chor und Chorgewölbe ergänzt wurde. Die Zahl 4 spielt in der Architektur der Kirche eine besondere Rolle, vier hohe gotische Fenster auf jeder Seite und vier Giebel bestimmen das Bild von Sankt Marien, dazu kommen vier Portale, durch die man in die Kirche gelangt, die einige bedeutende Kunstgegenstände beherbergt. Das Taufbecken wurde um 1560 gefertigt und enthält Formen aus

Gotik und Renaissance, die Strahlenmadonna auf der Mondsichel ist vermutlich die Arbeit eines Osnabrücker Künstlers um 1520. Das Triumphkreuz im Chorgewölbe stammt aus dem 13. Jahrhundert, der Hauptaltar wurde zwischen 1510 und 1515 in Antwerpen angefertigt.

## Ort des Westfälischen Friedens

Das bekannteste, weil historisch bedeutsamste Gebäude Osnabrücks ist das zwischen 1487 und 1512 im spätgotischen Stil erbaute Rathaus, das mit Stadtwaage und Sankt Marien am Osnabrücker Markt eine architektonische Einheit bildet. Über dem Eingang befindet sich eine Statue Karl des Großen, dem Gründer der Stadt und des Bistums Osnabrück. In die europäische Geschichte eingegangen ist das Osnabrücker Rathaus in den letzten Jahren des Dreißigjährigen Krieges. Zwischen 1643 und 1648 tagten hier Delegationen der Kriegsparteien zu Verhandlungen über ein Ende des Konfliktes, das schließlich im Jahre 1648 mit dem „Westfälischen Frieden von Osnabrück und Münster“ besiegelt wurde. Im so genannten Friedenssaal sind 42 Portraitgemälde der Gesandten des Friedenskongresses zu sehen, hinzu kommen drei Portraits der Herrscher der damaligen Kriegsparteien, der schwedischen Königin Christina, des französischen Königs Ludwig XIV. und des Deutschen Kaisers Ferdinand III. In der Rathausschatzkammer wird eine Vielzahl kostbarer Gegenstände und Dokumente aufbewahrt, darunter der Kaiserpokal und die älteste Schützenkette, beide aus dem 13. Jahrhundert, eine Nachbildung des Westfälischen Friedensvertrages sowie eine Kopie der Urkunde, mit der Kaiser Friedrich I. Barbarossa im Jahre 1171 den Osnabrückern das Recht auf eine eigene Gerichtsbarkeit zugestand. Im September 1944 von Bomben mehrfach getroffen und schwer beschädigt, brannte das historische Rathaus bis auf die Grundmauern ab. Die wertvolle Einrichtung war jedoch schon einige Zeit vor den Bombenangriffen sicher eingelagert worden und konnte gerettet werden. Pünktlich zur 300-Jahr-Feier des Westfälischen Friedens am 24. Oktober 1948 konnte das restaurierte Rathaus mit der historischen Einrichtung wieder seiner Bestimmung übergeben werden. In den oberen Stockwerken des Rathauses

*Das Zusammentreffen von Historie und Moderne prägen das Stadtbild von Osnabrück*

50 JAHRE ROTARY CLUB OSNABRÜCK 2002
VON
OSNABRÜCKER
FUSS UND
ELLE ZUR
METRIK 1868
1 FUSS
2 FUSS = 1 ELLE

werden heute ein Stadtmodell, das Osnabrück im Jahre 1633 zeigt, und die Dauerausstellung „Zerstörung und Aufbau“ präsentiert, die den Weg der im Zweiten Weltkrieg zerbombten Stadt bis zum Wiederaufbau dokumentiert.

## Das Osnabrücker Schloss

Nach den Bestimmungen des Westfälischen Friedens von 1648 sollte das Bistum Osnabrück abwechselnd von einem katholischen und von einem evangelischen Bischof aus dem Hause Braunschweig-Lüneburg regiert werden. Geplant als Residenz des ersten protestantischen Osnabrücker Bischofs Ernst August I. von Braunschweig-Lüneburg und seiner Frau Sophie von der Pfalz, wurde im Jahre 1667 mit dem Bau des vierflügeligen Schlosses im Stil des Barock begonnen. Im viergeschossigen Wohnbau befanden sich ursprünglich Wohn- und Gästeräume, Wirtschaftsräume, der Marstall, eine Kapelle sowie ein riesiger Festsaal. Nach – für damalige Verhältnisse - nur sechs Jahren Bauzeit war das Schloss bezugsfertig, doch schon wenige Jahre später wechselte die Fürstbischöfliche Familie ihr Domizil und zog nach Hannover. Von den nachfolgenden evangelischen Bischöfen nutzte nur Ernst August II. das Osnabrücker Schloss als Residenz, die barocke Anlage wurde zunehmend vernachlässigt und drohte zu verfallen. Seit 1803 wurde das Osnabrücker Schloss vorwiegend als Verwaltungsgebäude genutzt und mehrfach umgebaut. Während des Nationalsozialismus waren im Westflügel Haft- und Folterzellen der Gestapo untergebracht, eine Gedenkstätte im Schloss erinnert an den Nazi-Terror. In den Bombennächten des Zweiten Weltkriegs brannte das Schloss bis auf die Grundmauern nieder und wurde – mit dem ebenfalls zerstörten Schlossgarten – nach dem Krieg wieder aufgebaut. Heute dient es als Verwaltungssitz der 1974 gegründeten Universität.

Neben den markanten Sehenswürdigkeiten wie dem Dom St. Peter, den Kirchen, dem Rathaus des Westfälischen Friedens und dem Barockschloss lässt sich der Charme längst vergangene Zeiten in vielen Ecken und Winkeln Osnabrücks entdecken. Das Stadtbild ist von eindrucksvollen Gebäuden des Klassizismus und des Rokoko genauso geprägt wie von reich verzierten Fachwerkhäusern, die die Stürme der Geschichte unbeschadet überstanden haben. Darüber hinaus ist Osnabrück als Stadt der so genannten „Steinwerke“ bekannt. Diese ältesten Zeugen Osnabrücker Wohnbaukunst sind aus Bruchstein, die erste bekannte Erwähnung eines Steinwerks (domus lapidea) wird in Osnabrück im Jahre 1177 verzeichnet. Bei dem Osnabrücker Urtyp handelt es sich um einen Speicherbau, der als rückwärtiges Gebäude errichtet und unmittelbar mit dem Fachwerkvorderhaus verbunden wurde. Die ältesten noch existierenden Steinwerke Osnabrücks finden sich in der Bierstraße 7 und der Dielingerstraße 13. Ein besonders eindrucksvolles Steinwerk ist das Renaissance-Herrenhaus eines Adelshofes gegenüber dem barocken Schloss und nahe der Katharinenkirche, das allein durch seine farbige Dekorierung hervorsticht. Im so genannten „Ledenhof“ finden heute Lesungen, Konzerte, Vorträge und Theateraufführungen statt, auch das Literaturbüro Westniedersachsen und die Deutsche Stiftung Friedensforschung haben im „Ledenhof“ ihren Sitz.

Von den ehemaligen Befestigungsanlagen, die Osnabrück umgaben und schützten, sind noch einige bauliche Zeugen erhalten. Der Buckstur m, Anfang des 13. Jahrhunderts als Wachturm innerhalb der Stadtmauer errichtet, war mit rund 28 Metern der höchste Befestigungsturm der Stadt. Im Mittelalter als städtisches Gefängnis genutzt, saßen hier prominente Gefangene wie der Graf Simon von der Lippe und Johann von Hoya. Während der Hexenverfolgung im 16. und 17. Jahrhundert diente der Bucksturm zusätzlich als Folterkammer, heute veranschaulicht eine Ausstellung den Besuchern dieses dunkle Kapitel der Stadt. Westlich des Bucksturms finden sich Reste der von zwei Türmen gesicherten Hohen Mauer, die bereits im 16. Jahrhundert teilweise abgetragen wurde. Die Mauerreste bieten noch immer einen guten Einblick in die Festungsbauweise des späten 13. Jahrhunderts. Massive Mauern und Schießscharten zeugen von der Wehrhaftigkeit des Pernickelturms, der am Ende des Herrenteichswalls steht. Das Bauwerk diente dem Schutz der Wehranlage und der auf einer kleinen Haseinsel stehenden Pernickelmühle, die 1891 zerstört und anschließend am linken Haseufer wieder aufgebaut wurde.

## Kunst in der Stadt

Direkt in der Innenstadt befindet sich das von Daniel Libeskind erbaute Felix-Nussbaum-Haus, in dem mit mehr als 160 Bildern die weltweit größte Sammlung von Werken des in Osnabrück geborenen und in Auschwitz ermordeten Künstlers gezeigt wird. Die Sammlung wird ergänzt durch Dokumente mit biografischem, zeitgeschichtlichem und politischem Inhalt, die Felix Nussbaums Kunst als politisches Vermächtnis auszeichnen. Raum für zeitgenössische Kunst bietet die sehenswerte Kunsthalle in der gotischen Hallenkirche des im 13. Jahrhundert gegründeten Dominikanerklosters, die allerdings nur während der Ausstellungen geöffnet ist.

STADTHALLE

# Vorspeisen

Hummercarpaccio
Kalbsfondnudeln
Cannellono vom Taschenkrebs
Muscheln in Olivencoulis
Emincé von weißem Spargel

# Hummercarpaccio

**1.** Die gekochten Hummerschwänze schälen und gegeneinander aufeinanderlegen und mit Frischhaltefolie fest einwickeln, danach nochmals mit Alufolie eindrehen und einfrieren. Den gefrorenen Hummerschwanz dünn aufschneiden.

**2.** Das Passionsfruchtmark, den Orangensaft, das Gellan und die Citras zusammen aufkochen und abfüllen. Für das Basilikumpesto die Zutaten zusammen in der Moulinette mixen.

**3.** Das Kroepoek im heißen Fett frittieren und dann klein hacken. Die Erdnusspaste mit dem Wasser aufkochen und bis zur gewünschten Konsistenz reduzieren.

**4.** Das Passionsfruchtgelee rund ausstechen und in die Mitte eines Tellers legen. Den Hummer in dünne Scheiben schneiden und in Rosettenform darüberlegen und mit der Zitrusmarinade bepinseln. Mit einem dünnen Pinsel den Rest am linken, unteren Tellerrand einen Strich ziehen. Die Erdnusspaste auf dem rechten, oberen Rand platzieren. Mit dem Kroepoek rechts unten einen Strich streuen. Die gehackten Erdnüsse links oben auf den Teller streuen.

Für 4 Personen

2 Hummer à 450–550 g

**Orangen-Passionsfruchtgelee**
50 g Passionsfruchtmark
50 g frisch gepresster Orangensaft
0,7 g Gellan[1]
1 g Citras[2]

**Süßes Basilikumpesto**
¼ Bund Basilikum
1 Prise brauner Rohrzucker
1 kleine Prise Ascorbinsäure
Salz
ca. 60 ml Traubenkernöl

Kroepoek

**Erdnusspaste**
1 EL Erdnusspaste
2 EL Wasser

1) Citras ist eine Zutat aus der Molekularküche und wird aus Zitrusfrüchten gewonnen. Man benötigt es, um Verfärbungen von stark säurehaltigen Lebensmitteln zu verhindern.

2) Gellan stammt ebenfalls aus der Molekularküche und hilft bei der Zubereitung standfester Gelees bis 90 °C.

# Kalbsfondnudeln

mit Speckschaum

Für 4 Personen

**Kalbsfond**
1 Rindertafelspitz
3 l Eiswasser

**Nudeln**
200 ml Kalbsfond
2,2 g Agar-Agar
eventuell eine Prise Salz
Topf mit Eiswasser
Spritzflasche mit dünnem Aufsatz
Kunststoffschläuche (1,5 mm ø, 30 cm lang)
Espumaflasche mit speziellem Aufsatz (im Fachhandel erhältlich)

**Speckschaum**
200 ml Sahne
50 g geräucherter Schinken

1. Den Tafelspitz mit dem Eiswasser aufsetzen und auf kleiner Stufe 4 Stunden leicht köcheln lassen. Durch ein Passiertuch gießen und auf die gewünschte Geschmacksintensität reduzieren.

2. Das Eiswasser vorbereiten. Den Kalbsfond abschmecken und mit Agar-Agar verrühren. Das Gemisch aufkochen und die Spritzflasche füllen. Den Aufsatz der Spritzflasche in den Schlauch stecken und den Fond langsam ohne Luft laufen lassen. Den Schlauch in Eiswasser legen. Nach fünf Minuten erstarrt der Fond zu einem Gelee. Die Espumaflasche mit einer Gaspatrone füllen. Nun können Sie mit Hilfe der Espumaflasche das Gelee aus dem Schlauch drücken. Die Nudeln schneckenförmig in einem tiefen Teller anrichten. Als Alternative könnte man den warmen Fond auf ein Blech gießen, erstarren lassen und in Streifen schneiden.

3. Den geräucherten Schinken würfeln und kurz in einem Topf ohne Fett anschwitzen. Die Sahne dazugeben, aufkochen und eine halbe Stunde am Herdrand ziehen lassen. Die Sahne passieren und in ein Espumaflasche füllen.

4. Vor dem Servieren den Teller mit den Nudeln leicht erwärmen, auf die Nudeln den Kaviar oder frische Erbsen geben und den Speckschaum anspritzen.

# Cannellono vom Taschenkrebs

mit Milchhaut

**1.** Das Passionsfruchtmark mit Orangensaft, Gellan und Citras zusammen aufkochen, abfüllen und erkalten lassen. Aus dieser Masse werden später kleine Geleewürfel geschnitten. Die Brunoise kurz anschwitzen und mit Weißwein ablöschen.

**2.** Für den Kochsud 1 Esslöffel Brunoise von Karotten, Sellerie und Lauch kurz anschwitzen und mit Weißwein ablöschen. Alles zusammen aufkochen und den Taschenkrebs 6 Minuten ziehen lassen.

**3.** Für die Zironenmarinade werden die Orangen-, Zitronen- und Limonenzesten mit dem Saft einer Limone, Ingwer-, Trauben-, Olivenöl und Gemüsebrühe zusammen aufgekocht. Bei der Zubereitung für die Ingwermarinade wird das Ingweröl mit Fischfond gemischt und der geschälte Ingwer reingerieben.

**4.** Die Milch in eine Pfanne geben und so lange erhitzen, bis sich eine Haut bildet, danach die Flamme reduzieren, damit die Milch nicht kocht. Wenn die Haut dick genug ist, aus der Pfanne nehmen und auf eine mit Sahne bestrichene Folie legen. Die obere Seite auch mit Sahne bepinseln und mit Frischhaltefolie bedecken.

**5.** Die ausgebrochenen Taschenkrebse mit ein paar Würfeln Gelee, einer Prise Salz, die Brunoise und einem Löffel Marinade verrühren und in die Milchhaut rund einschlagen, so dass ein Cannelono entsteht. Einen Löffel von der Ingwermarinade auf einen Teller geben, den Cannellono daraufsetzen. Die Cannelloni mit einem Brenner von außen kurz abbrennen. Etwas Saft von Passionsfrüchten in Punktform auf die Marinade rundum geben und die getrockneten Himbeeren mit den Fingern zerdrücken und zu den Punkten dazu streuen. Mit frischen Kräutern garnieren.

Für 4 Personen

1 Taschenkrebs à 1 kg
Schnittlauch geschnitten
1 Prise Fleur de Sel
50 g Passionsfruchtmark
50 g frisch gepresster Orangensaft
0,7 g Gellan[1], 1 g Citras[2]
4 gefriergetrocknete Himbeeren
1 EL Brunoise von Karotten, Sellerie und Lauch

**Kochsud für Taschenkrebse**
5 l Wasser, 58 g Meersalz
40 g Schalottenwürfel
70 g Lauchstreifen, weiß
50 g Staudensellerie
10 g Zitronenzesten
2 Lorbeerblätter, 10 Pimentkörner
10 schwarze Pfefferkörner
1 TL Korianderkörner
2 Kardamomkapseln
15 g frischer Ingwer

**Zitronenmarinade**
1 Orange, 1 Zitrone
2 Limonen
1 Saft von einer Limone
10 g Ingweröl, 10 g Traubenkernöl
10 g Olivenöl, 10 g Gemüsebrühe

**Ingwermarinade**
ca. 50 g Ingwer, frisch
100 g Ingweröl, 30 g Fischfond

**Milchhaut**
500 ml Milch

frische Kräuter zur Dekoration

1) Citras ist eine Zutat aus der Molekularküche und wird aus Zitrusfrüchten gewonnen. Man benötigt es, um Verfärbungen von stark säurehaltigen Lebensmitteln zu verhindern.

2) Gellan stammt ebenfalls aus der Molekularküche und hilft bei der Zubereitung standfester Gelees bis 90 °C.

# Muscheln in Olivencoulis

Für 4 Personen

250 g Oliven „Bella di Cerignola"

**Muscheln**
16 Buchot-Muscheln
16 Palourde-Muscheln
4 Coteaux-Muscheln

**Croûtons**
2 Scheiben Toastbrot
100 g Gänsestopfleber

**Zitronengelee**
1 Zitrone
500 ml Wasser
100 g Zucker

1 Stängel Zitronengras
Filets von ½ Zitrone
5 g Ingwer
50 ml Wasser
50 ml Geflügelfond
Zucker

100 ml Zitronenfond
1 g Agar-Agar
1 Blatt Gelatine

30 ml Kalbsglace

1. Die Oliven entsteinen und mit einem Entsafter den puren Olivencoulis gewinnen. Den Coulis bei Zimmertemperatur zur Seite stellen.

2. Die Muscheln säubern und kurz einfrieren, antauen lassen und dann mit einem Löffel öffnen. Die Muscheln von Bart und Schalenresten befreien und sofort wieder kalt stellen.

3. Die Gänsestopfleber durch ein Sieb streichen und in einer kalten Pfanne auslassen. In dem „Schmalz" die auf 5 mm x 5 mm geschnittenen Brotwürfel rösten, anschließend auf ein Sieb oder Tuch geben und warm halten.

4. Für das Zitronengelee alles zusammen aufkochen, 3 Stunden zugedeckt ziehen lassen und dann die Zitrone 24 Stunden in dem Sud ziehen lassen.

5. Die Schalen der gekochten Zitrone abschneiden und klein schneiden. Diese mit den anderen Zutaten einmal aufkochen, 1 Stunde ziehen lassen, passieren und mit Zucker abschmecken.

6. Die Gelatine einweichen, das Agar-Agar in dem Zitronensud aufkochen, dann die Gelatine zugeben und in einem Gefäß 5 mm hoch einfüllen. Nach dem Erkalten das Gelee in 5 mm x 5 mm Würfel schneiden.

7. Die Muscheln in einer kleinen Schale gleichmäßig verteilen, mit dem Olivencoulis umgießen, 4 Gänselebercroûtons und ebenso viele Zitronengeleewürfel auf die Muscheln geben. Nun noch mit einem Hauch Kalbsglace begießen und sofort servieren.

# Emincé von weißem Spargel

mit Langoustine

Für 4 Personen

**Emincé von weißem Spargel**
8 Langoustinen (ausgebrochen, das Fleisch in kleine Stücke geschnitten)
8 Stangen Spargel
50 g Butter
1 Orange
feines Meersalz
Zucker
½ Limone
20 g Crème fraîche
40 g Forellenkaviar

**Langoustinencoulis**
500 g Krustentierkarkasse
30 g Butterschmalz
200 g Gemüsewürfel (Sellerie, Karotte, Schalotte, Fenchel)
4 cl Weinbrand
200 ml Weißwein
2 Pimentkörner
Thymian, Rosmarin
30 g Crème double
20 g Corail von der Langoustine

1. Den Spargel schälen, das Spargelwasser mit der Butter, dem Saft der Orange, Salz und Zucker würzen. Bei kochendem Wasser den Spargel dazugeben, aufkochen und unter Küchenpapier 3 Minuten ziehen lassen. Anschließend aus dem Wasser nehmen und abkühlen lassen. Nun den Spargel teilen. Den Kopf 5 cm lang lassen, den übrigen Spargel in 4 cm lange Stücke schneiden. Diese Stücke in feine Streifen schneiden und auf einem Sieb abtropfen lassen. Die Streifen dann mit Limonensaft, Crème fraîche und Salz abschmecken, den Forellenkaviar unterheben. Kurz vor dem Servieren die Langoustinenstreifen unterheben.

2. Die Karkasse zerkleinern und in Butterschmalz anschwitzen. Nun die Gemüse zugeben und mitrösten. Dann mit dem Weinbrand abbrennen, mit Weißwein ablöschen und mit Wasser auffüllen. Den Fond einmal aufkochen, abschäumen und dann die Kräuter und Gewürze zugeben. Alles auf kleiner Flamme 3 Stunden ziehen lassen, passieren und auf ein Drittel reduzieren. Nun die Crème double zugeben und unter ständigem Rühren das Corail einrühren. Wenn die Sauce bindet, sofort passieren, nicht mehr aufkochen, sondern nur noch warm halten und abschmecken.

3. Dann in einem tiefen Teller mittig anrichten. Die Spargelspitzen in einem Topf mit wenig Spargelfond glasieren und anlegen. Das Emincé mit dem fertigen Langoustinencoulis umgießen.

# Fisch und Krustentiere

Gerösteter Seeteufel mit Zitronenmarinade
Sauer marinierte Rotbarbe
Geröstete Cannelloni vom Steinbutt
Coquille Saint Jacques in der Salzkruste
Langoustine in der Kroepoekkruste
Lisette – Makrele im Sud von Röstzwiebeln
Kabeljau mit Petersilieninfusion

# Gerösteter Seeteufel mit Zitronenmarinade

Für 4 Personen

320 g Seeteufel, pariert
2 EL geschlagene Sahne
feines Meersalz

**Marinade**
30 g Fischfond
70 g Sonnenblumenöl
1 Zitrone
4–5 g Salz

**Paprika-Fenchel-Gemüse**
je 1 rote und gelbe Paprika
1 Fenchelknolle
1 Rosmarinzweig
1 Thymianzweig
1 Knoblauchzehe
100 ml Weißwein
Olivenöl

**Fenchelkaviar**
4 Fenchelknollen
100 ml Pernod
100 ml Noilly Prat
2 EL Fenchelsamen
Salz
3 g Algin
25 g Calcic

**Sabayon**
1 l Wasser
Abrieb von 1–2 Limonen
200 g Eigelb
Salz

16 Herzmuscheln

1. Den Seeteufel in vier gleiche Teile schneiden, salzen und in die Sahne tupfen. Danach in der Pfanne goldbraun braten. Häufig wenden.

2. Den Fond und das Öl mischen und den Saft, sowie den Abrieb der Zitronenschale nach Geschmack zugeben und würzen.

3. Die Paprika halbieren, entkernen, schälen und in 0,5 cm große Würfel schneiden. Den Fenchel ebenso würfeln. Das Olivenöl in einer Pfanne erhitzen. Das Gemüse zusammen mit Rosmarin, Thymian und Knoblauch anschwitzen, salzen und mit Weißwein ablöschen. Bei mittlerer Hitze ca. 3 Minuten garen. Danach Rosmarin, Thymian und Knoblauch aus dem Gemüse nehmen.

4. Den Fenchel klein schneiden und zusammen mit dem Pernod und dem Noilly Prat, den Fenchelsamen und der Prise Salz vakuumieren. Im Dampf bei 99 °C eine Stunde garen, anschließend entsaften und den Fond aus dem Beutel mit zum Saft geben. Von dem Saft nun 300 ml mit 3 g Algin binden. Die Masse in eine 50 ml-Spritze geben und dann in ein Calcicbad (1 l Wasser, 25 g Calcic) tropfen lassen. Die Kugeln mit einem Sieb nach 2 Minuten herausholen und klar abwaschen.

5. Für die Sabayon die Zutaten mischen und mit Salz abschmecken. An der Oberfläche mit einem Mixstab aufschäumen.

6. Die Muscheln roh öffnen und kurz mit dem Paprika-Fenchel-Gemüse mischen und in einem Topf erhitzen. Das Gemüse in die Tellermitte geben und mit der Marinade umgießen. Den Seeteufel daraufsetzen. Obenauf den Fenchelkaviar geben, und mit 1 Esslöffel von dem Schaum des Sabayon dekorieren.

# Sauer marinierte Rotbarbe

mit Fenchel und Olivenöl

Für 4 Personen

**Sauer marinierte Rotbarbe**
2 Rotbarben à 250 g
500 ml Champagneressig
Zucker
je 20 g feine Würfel (5 mm) von Karotte, Sellerie, Schalotte, Fenchel
je 1 Zweig Blattpetersilie, Koriander, Basilikum
300 ml Olivenöl

**Milchschaum**
100 ml Milch, 3,5 %
70 ml Sahne, 33 %

**Olivencroûtons**
1 Scheibe Toastbrot
Olivenöl zum Backen

1 Fenchelknolle
Fleur de Sel

1. Die filierten Rotbarben entgräten, waschen und trocken tupfen. Die gewürfelten Gemüse mit den Kräutern anschwitzen. Den Champagneressig in eine Schale geben, 1 Rotbarbenfilet einlegen und nach und nach Zucker zugeben. Den Zucker unter ständigem Rühren sich immer ganz auflösen lassen. Das Mischungsverhältnis stimmt, wenn die Rotbarbe von selbst an die Oberfläche steigt. Nun die restlichen Filets einlegen und das Gemüse zugeben. Über Nacht ziehen lassen. Nach 24 Stunden die Filets herausnehmen und in einer Schale mit Olivenöl bedecken. Nach 6 Stunden sind die Filets verzehrbereit.

2. Für den Milchschaum die Milch und die Sahne mischen, in einen Sahnebläser geben und gut durchkühlen.

3. Die Toastbrotscheibe in Würfel mit einer Kantenlänge von 5 mm schneiden. Die Würfel dann in Olivenöl in einer Pfanne goldgelb ausbacken, auf ein Sieb geben und leicht salzen.

4. Die Filets abtupfen, mit Fleur de Sel salzen und in die Tellermitte legen. Jeweils 3 Olivencroûtons direkt neben den Fisch legen. Zwischen die Croûtons einen traubengroßen Klecks Milchschaum sprühen. Den eiskalten, rohen Fenchel hauchfein schneiden und dazu anrichten. Danach wird das Gericht mit Olivenöl beträufelt.

# Geröstete Cannelloni vom Steinbutt

Für 4 Personen

300 g Steinbuttfilet, von einem ca. 6–8 kg schweren Steinbutt
2 Scheiben Toastbrot
2 Jakobsmuscheln
60 g Sahne, 33 %
20 g Périgord-Trüffel
Meersalz

**Geschmorter Chicorée**
4 Mini-Chicorée
50 ml weißer Portwein
Meersalz, Zucker
100 ml Geflügelfond
30 g Butter

**Trüffelgelee**
100 ml Trüffelsaft
½ Blatt Gelatine
1 g Agar-Agar

**Sauce Corail**
500 g Krustentierkarkasse
30 g Butterschmalz
200 g Gemüsewürfel von Sellerie, Karotte, Schalotte, Fenchel
40 ml Weinbrand
200 ml Weißwein
2 Pimentkörner
Thymian, Rosmarin
30 g Crème double
20 g Corail von Hummer

1. Den Steinbutt in 4 gleiche Streifen schneiden und kalt stellen. Die gut gekühlten Muscheln in einer Moulinette mit etwas Salz und dem Trüffel fein pürieren. Nun die Sahne zugeben und so lange mixen, bis eine feine Farce entsteht. Das Toastbrot angefroren in vier hauchdünne Scheiben schneiden. Die Toastbrotscheiben mit der Farce bestreichen und darin den gesalzenen und portionierten Steinbutt einwickeln. Dann die Steinbutt-Cannelloni in Butter braten, bis die Hülle goldbraun und der Fisch noch leicht glasig ist.

2. Den Chicorée putzen, den Strunk aushöhlen und mit den anderen Zutaten in einen Vakuumbeutel geben. Diesen verschweißen und 45 Minuten bei 100 °C garen. Vor dem Anrichten die Chicorée längs halbieren und in Butter anbraten und dabei mit wenig Zucker karamellisieren.

3. Die Gelatine kalt einweichen, das Agar-Agar zu dem Trüffelsaft geben und verrühren. Einmal aufkochen, die Gelatine einrühren und 5 mm hoch in ein Gefäß füllen. Im Kühlschrank auskühlen lassen, anschließend in Würfel von 5 mm Kantenlänge schneiden. Vor dem Anrichten auf Zimmertemperatur bringen.

4. Die Karkasse zerkleinern und im Butterschmalz anschwitzen, Nun die Gemüse zugeben und mitrösten. Dann mit dem Weinbrand abbrennen, mit Weißwein ablöschen und mit Wasser auffüllen. Den Fond einmal aufkochen und dann abschäumen. Nun die Kräuter und Gewürze zugeben. Alles auf kleiner Flamme 3 Stunden ziehen lassen, passieren und auf ein Drittel reduzieren. Nun die Crème double zugeben und unter ständigem Rühren das Corail zufügen. Wenn die Sauce bindet, sofort passieren, nicht mehr aufkochen, sondern nur noch warm halten und abschmecken.

5. Den geschmorten und angebratenen Chicorée längs halbieren und mit den Schnittflächen nach unten auf den Teller legen. Daneben die goldbraun und im Kern glasig angebratenen Cannelloni anrichten und mit 4–5 Trüffelgeleewürfeln garnieren. Zum Schluss mit der Sauce umgießen.

# Coquille Saint Jacques in der Salzkruste

Für 4 Personen

8 Coquille Saint Jacques, ausgelöst
200 g sehr grobes Meersalz
(Sal Tradicional)

**Kürbispüree**
1 Stück Butternuss 600–800 g
50 g Butter
1 kandierte Ingwernuss
Fleur de Sel

**Kürbiszucker**
50 g Isomalt
12 g Glukose
0,7 g Gluco
0,7 g Glice
½ EL Kürbiskernöl
100 g Kürbiskerne

**Sud**
200 ml Fischfond
100 g Kürbispüree
Kürbiskernöl

**Coquille Saint Jacques – Jakobsmuscheln**
8 ausgelöste Jakobsmuscheln
200 g sehr grobes Meersalz (Sel Gris)

1. Den Kürbis schälen, in traubengroße Würfel schneiden und mit den anderen Zutaten in einen Vakuumbeutel geben. Diesen verschließen und ca. 2 Stunden bei 99 °C dämpfen, danach mit möglichst wenig des sich im Beutel befindlichen Wassers sehr fein pürieren. Vor dem Anrichten erwärmen.

2. Für den Kürbiszucker Isomalt, Glukose und Gluco in einem Topf auf 150 °C erhitzen. Das Glice und Kürbiskernöl zugeben. Die heiße Masse auf eine Silikonmatte geben, dünn ausstreichen und auskühlen lassen. Wenn der Zucker kalt ist, brechen und in einem Mixer staubfein mahlen. Das feine Pulver mit einem Sieb hauchfein auf eine Silikonmatte stäuben, mit Kürbiskernen bestreuen und im Backofen kurz backen, bis der Zucker flüssig ist. Nun auskühlen lassen und in große Stücke brechen.

3. Die ausgelösten und sauberen Muscheln schichtweise (beginnend mit Salz) in die Gefäße einsetzen und anschließend bei 100 °C im Ofen 6 Minuten garen. Danach sofort servieren.

4. Die Coquille Saint Jacques und den Sud in zwei Schalen getrennt servieren. Dem Sud kurz vor dem Servieren noch einige Tropfen Kürbiskernöl zufügen. Das Kürbispüree und den Zucker in einem tiefen Teller servieren.

5. Der Gast nimmt die Jakobsmuschel aus dem Salz, spült sie leicht in dem Sud ab. Dann wird die Muschel mit dem Püree und dem Zucker gemeinsam gegessen. Den Sud trinkt man vorsichtig dazu, bis dieser zu salzig wird.

# Langoustine in der Kroepoekkruste

Für 4 Personen

8 große Langoustinenschwänze

**Kroepoekkruste**
Fett zum Ausbacken
60 g Kroepoek
8 Korianderblätter
Cashmir Curry Edition

**Ingwermarinade**
90 g Ingweröl
30 g Fischfond
2,5 g Fleur de Sel
20 g frischer Ingwer, geschält

**Kokosraspeln**
½ frische Kokosnuss
Läuterzucker

**Kokosschaum**
175 g Wasser
150 g Kokoscremepulver

8 große Langoustinenschwänze

1. Für die Kroepoekkruste das Kroepoek in Fett ausbacken, abtropfen und wie Paniermehl fein zerbröseln. Den fein gehackten Koriander zugeben und mit einem Hauch Curry abschmecken.

2. Aus den Zutaten eine Marinade herstellen. Das Ingweröl kann selbst hergestellt werden, indem man geschälten Ingwer in Traubenkernöl gibt, dieses leicht erwärmt und ca. 48 Stunden ziehen lässt.

3. Die Kokosnuss brechen, das Fruchtfleisch auf einer Reibe in Streifen reiben, mit wenig Läuterzucker befeuchten und im Backofen trocknen. Die Kokosstreifen dürfen dabei ganz leicht Farbe annehmen.

4. Wasser und Kokoscremepulver mischen und auf 62 °C erhitzen. Dann mit dem Stabmixer knapp unter der Oberfläche aufschäumen.

5. Die Langoustinen leicht salzen, mit dem Kroepoek „panieren" und in einer Pfanne braten. Der Kern muss glasig bleiben. Die Ingwermarinade (ca. 2 EL/pro P.) auf den Teller geben. Langoustine zugeben. Nun die Kokosraspeln und den kleinen Kräutersalat (Shisokresse, Basilikum, Estragon, Kerbel, Minze) zugeben. Die aufgeschlagene Kokosmilch dazugeben und den Schaum sowie den Rand des Tellers mit Cashmir-Curry bestäuben. Dies ist wichtig, damit man das Gericht auch riechen kann.

# Lisette – Makrele im Sud von Röstzwiebeln

mit Olivenstaub

1. Die Lisette würzen und mit der Fleischseite aufeinanderlegen. Die Filets auf mit Olivenöl bestrichene Alufolie legen und stramm aufwickeln. Die Enden zudrehen, Seiten fest zusammendrücken. Die 4 Rollen 6 Minuten bei 55 °C im Wasserbad garen.

2. Die Gemüsezwiebel und die roten Zwiebeln eine Stunde bei 180 °C im Ofen backen. Auskühlen lassen und den Strunk abschneiden, das Innere der Zwiebeln in einem Topf ausdrücken. Während der Garzeit die 1 ½ Gemüsezwiebeln schälen und in feine Streifen schneiden. Diese nun in einer Pfanne goldbraun rösten und mit in den Topf geben. Mit dem Wasser auffüllen und 3 Stunden bei kleiner Hitze am Herdrand ziehen lassen.

3. Für den Olivenstaub das Olivenöl mit der Maltodextrose verrühren. Achtung, es muss pulvrig bleiben.

4. Die Folie rechts und links aufschneiden, entfernen und die Makrele mit dem Olivenstaub in einem tiefen Teller anrichten. Den Röstzwiebelsud passieren, würzen und mit Martini abschmecken. Getrennt dazu servieren und erst am Tisch angießen.

Für 4 Personen

**Makrelen**
4 Makrelen filiert, entgrätet und von der „Pergamenthaut" befreit
feines Meersalz
Olivenöl

**Sud von Röstzwiebeln**
1 Gemüsezwiebel
2 rote Zwiebeln
750 ml Wasser
1,5 Gemüsezwiebeln für Röstzwiebeln

**Olivenstaub**
10 g Olivenöl
10 g Maltodextrose

feines Meersalz
Martini extra dry

# Kabeljau mit Petersilieninfusion

mit Tandoori-Kartoffelpüree

Für 4 Personen

**Kabeljau mit Petersilieninfusion**
400 g Kabeljaufilet, filiert und pariert
feines Meersalz
150 g Extraktöl
2 Bund Blattpetersilie

**Tandoori-Kartoffelpüree**
200 g Kartoffeln
Tandooripulver

**Extraktöl**
500 ml Sonnenblumenöl
200 g Kabeljaugräten, klein geschnitten
Meersalz

1. Die Petersilie waschen, mit Stiel grob schneiden und in einem Rotormixer mit wenig Wasser so lange pürieren, bis sie vollkommen verflüssigt ist. Den Saft durch ein Tuch geben und zur Seite stellen. Nun mit Hilfe einer Einwegspritze den Petersiliensaft in den Fisch spritzen. Die Filets nun salzen und mit einigen Esslöffeln des Öls in einem Vakuumbeutel fest verschließen und ca. 8–10 Minuten bei 53 °C im Wasserbad garen.

2. Die Kartoffeln mit Schale kochen, das Kochwasser aufbewahren. Die Kartoffeln pellen, durchpressen und mit dem Kartoffelwasser sowie dem Extraktöl zu gleichen Teilen glatt rühren. Salz und Tandooripulver nach Geschmack zugeben.

3. Die Gräten in dem Öl bei ca. 65 °C für 1 Stunde ziehen lassen, dann das Öl passieren und zur Seite stellen.

4. Das Püree in die Tellermitte geben, den Fisch daraufsetzen und mit ein wenig des Öls nappieren. Auf Wunsch kann man noch frittierte Petersilie als Dekoration verwenden.

# Fleisch

Stubenküken Tajine
Rehrückenfilet im Sud exotischer Gewürze
Coq au vin
Kaninchenkeule in Gewürzöl geschmort
Taubenbrust in milder Knoblauch-Korianderwürze
Strudel vom Lammrücken

# Stubenkücken Tajine

mit Oliven und Salzzitronen

1. Für die Salzzitronen Endstücke der Zitronen abschneiden. Zitronen vierteln, dabei bis auf 1,5 cm vor dem unteren Ende einschneiden, um zusammenhängende Viertel zu erhalten. Ein großes Einmachglas vorbereiten, die Zitronen mit grobem Salz füllen und behutsam in das Glas schichten. Zitronen kräftig andrücken und mit einem dicken, in Klarsichtfolie gewickelten Stein beschweren. Die Zitronen sondern jeden Tag Saft ab und sollten am dritten oder vierten Tag vollständig mit Saft bedeckt sein. Wenn die Zitronen richtig mit Saft bedeckt sind, das Glas einmal kräftig schütteln, um den Saft zu mischen. Die Oberfläche mit Öl verschließen um Schimmelbildung zu verhindern. An einem kühlen Ort 3 Wochen aufbewahren.

2. Safranfäden 2–3 Minuten ohne Fett bei minimaler Hitze langsam in der Pfanne unter Rühren rösten. Wenn die Safranfäden rot sind, sofort noch heiß in einem Mörser fein zerstoßen. Das Pulver in ein trockenes Schraubglas füllen und mit 250 ml warmem Wasser auffüllen. Deckel zuschrauben, alles kräftig schütteln, bis der Safran aufgelöst ist. Auskühlen lassen und kühl stellen.

3. Das Hühnchen innen und außen mit der halben Menge Salz und Pfeffer bestreuen, beiseite stellen. Oliven 30 Sekunden kochen, kalt abschrecken, abtropfen lassen und beiseite stellen. Fleisch und Kerne der Salzzitronen entfernen. Haut abspülen, trocken tupfen, in große Stücke schneiden, beiseite stellen. Butter und Öl in einem Bräter erhitzen und die Zwiebelwürfel darin glasig dünsten. Knoblauch, Ingwer, Safran, das restliche Salz, Pfeffer und Wasser zugeben und alles gut verrühren. Das Fleisch zugeben, in der Sauce wenden und zum Kochen bringen. Hitze reduzieren und zugedeckt 1 Stunde köcheln lassen, währenddessen mehrmals wenden. Falls erforderlich, wenig heißes Wasser zugießen. Oliven, Zitrone, Koriander und Petersilie einrühren und zugedeckt 15 Minuten köcheln lassen, abschmecken. Wenn das Huhn gar ist, herausnehmen und mit Folie bedeckt warm stellen. Sollte die Sauce zu dünn sein, nochmals ca. 5 Minuten einkochen. Das Hühnchen auf eine vorgewärmte Servierplatte legen. Mit Oliven und Zitronenschalenstücken belegen. Die Sauce umrühren, rasch über das Huhn gießen, die Tajine zudecken und sofort sehr heiß servieren.

Für 4 Personen
muss 3 Wochen ziehen

**Salzzitronen**
2 kg unbehandelte Zitrone mit dicker Schale
1 kg grobkörniges Salz
100 ml Sonnenblumenöl

**Hühnchen Tajine**
2 Stubenküken
1 TL Salz
1 TL gemahlener weißer Pfeffer
125 g violette oder grüne Oliven, entsteint und leicht zerquetscht
1 ½ Salzzitronen
50 g Butter
2 EL Olivenöl
1 fein gehackte Zwiebel
3 Knoblauchzehen
1 TL Ingwerpulver
100 ml vorbereiteter Safran*
500 ml Wasser
3 EL frisch gehackter Koriander
3 EL frisch gehackte glatte Petersilie

* 1 TL Safranfäden ergeben 250 ml vorbereiteten Safran

# Rehrückenfilet im Sud exotischer Gewürze geschmort

Für 4 Personen

600 g pariertes Rehrückenfilet
Salz und Pfeffer

**Für den Sud**
500 ml Wasser
½ EL Five Spice
6 Sternanise
3 kleine Zimtstangen
50 g Zucker
200 g süße Sojasauce (Ketjap Manis)
200 g Reisessig
100 g Sojasauce

**Karamellisierter Rotkohl**
für 12 Personen
1 Rotkohl (bis auf ca. 100 g Rotkohl, roh, zurückhalten

**Gewürzbeutel**
Nelken
zerdrückte Wacholderbeeren
½ Zimtstange
Lorbeerblatt

**Marinade**
500 ml Rotwein
200 ml Portwein
100 ml Cassislikör
300 ml gepresster Orangensaft
100 ml Rotweinessig
grobes Meersalz
½ Vanilleschote

100 g Salzbutter
150 g brauner Zucker
200 g Gänse- oder Schweineschmalz
Schalotten, in sehr feinen Streifen

1. Die Zutaten für den Sud alle zusammen aufkochen und anschließend abkühlen lassen. In dem auf 65 °C abgekühlten Sud das Rehfilet 10–12 Minuten pochieren. Als Sauce ein wenig von dem Sud, in dem das Reh geschmort wurde, verwenden.

2. Den Rotkohl von den äußeren Blättern befreien, vierteln, den Strunk entfernen und in sehr feine Streifen schneiden. Den Gewürzbeutel zugeben und mit den Bestandteilen der Marinade vermengen. Den Rotkohl 2–3 Tage im Kühlschrank marinieren.

3. Die Butter und den Zucker in einem Topf karamellisieren, den abgetropften Rotkohl zugeben, gut durchrühren und mit dem Marinierfond ablöschen und das Schmalz zugeben. Nun auf kleiner Hitze ca. 4 Stunden langsam garen. Wenn der Rotkohl gar ist, diesen noch einmal nachschmecken und weitere 2 Tage zum Durchziehen beiseite stellen. Erst jetzt zum Servieren erwärmen und dann noch ein wenig rohes Rotkraut in ganz feine Streifen schneiden und unterheben.

### Tipp

Über das Gericht Pistazien streuen, die gedrittelt und in wenig Butter mit einem Hauch Zucker geröstet wurden.

# Coq au vin

Für 4 Personen
muss 48 Stunden ziehen

2 Poulet de Bresse
Öl zum Anbraten
3 g Wacholderbeeren
4 g schwarze Pfefferkörner
150 g Schalotten
100 g geschälte Möhre
150 g Sellerie
Lorbeer
Nelke
Rosmarin
Thymian
Knoblauch
1 l Rotwein
feines Meersalz
Schale ¼ Orange
Schale ¼ Zitrone
½ Zimtstange

**Apfelgelee**
4 Äpfel (Elstar)
Apfelsaft
2 g Agar-Agar
2 Blätter Gelatine
alter Balsamico

Würfel von Bouillongemüse

1. Gemüse schneiden, die Wacholderbeeren und den Pfeffer zerstoßen und mit allem Gemüse und Kräutern sowie dem Rotwein mischen. Die Hühnchen in Brust und Keule zerlegen und sauber parieren. Die Geflügelteile in der Marinade 48 Stunden ziehen lassen. Nun die Geflügelteile und das Gemüse herausnehmen, abtropfen lassen und beiseite stellen. Die Kräuter und Gewürze entfernen.

2. Dann zunächst das Fleisch würzen und die Gemüse in einem Bratentopf anbraten. Das Fleisch zugeben und wenn dieses Farbe bekommt, mit der Rotweinmarinade zunächst ablöschen und dann auffüllen. Nun Orange, Zitrone und Zimt zugeben. Die Brüste und Keulen regelmäßig wenden und in dem Sud schmoren, bis sie weich sind.

3. Die Äpfel waschen, entkernen und mit möglichst wenig Saft im Mixer pürieren. Anschließend passieren und 200 g dieser Masse abwiegen. Die Hälfte davon mit dem Agar-Agar einmal kurz aufkochen, die eingeweichte Gelatine zugeben und nun unter die restliche Masse rühren. Dann in ein Gefäß exakt 1 cm hoch einfüllen und durchkühlen lassen. Anschließend die Masse in Vierecke mit einer Kantenlänge von 1,5 cm schneiden. Die Mitte der Vierecke mit einem Perlausstecher 0,8 mm tief ausstechen. Diese Vertiefung wird kurz vor dem Anrichten mit altem Balsamico aufgefüllt. Das Apfelgelee sollte beim Anrichten etwas weniger als Zimmertemperatur, also ca. 16–18 °C haben.

4. Die geschmorten Keulen und Bruststücke auf einem Teller anrichten und einige Gemüsewürfel dazugeben. Die Stückchen vom Apfelgelee auf die Teller geben und mit dem alten Balsamico füllen. Dazu nach Geschmack einige größere Croûtons reichen und etwas Geflügelfond angießen.

# Kaninchenkeule in Gewürzöl geschmort

Für 4 Personen

4 Kaninchenkeulen

**Gewürzöl**
1 l Olivenöl
5 EL Szechuan-Pfeffer
4 EL Kümmel
4 Anissterne
1 Bund frischer Koriander
3 zerbröselte Zimtstangen
abgeriebene Schale von 1 Orange
6 Knoblauchzehen
50 g frischer Ingwer, fein geschnitten
2 Stauden Zitronengras, fein geschnitten
1 g Safran

**Fenchelpüree**

3 große Fenchelknollen
2 Schalotten
Olivenöl
Pernod
250 ml Sahne
Salz, Pfeffer
30 g geschlagene Sahne

Fenchel
Broccoli
Tomaten

1. Für das exotische Würzöl alle Zutaten mit Ausnahme des Safrans mischen und 10 Minuten in dem ca. 80 °C warmen Öl ziehen lassen. Nun das Gewürzöl passieren, den Safran zugeben und die Keulen etwa 20 Minuten bei ca. 65 °C in der Pfanne darin schmoren.

2. Die Fenchelknollen und Schalotten in feine Würfel schneiden und in Olivenöl anschwitzen, dabei nur zum Rühren den Deckel vom Topf nehmen, um den Fenchel nach Möglichkeit gar zu dämpfen. Wenn die Feuchtigkeit verdunstet ist, mit etwas Pernod ablöschen und mit möglichst wenig Sahne auffüllen, um die Fenchelwürfel darin gar zu kochen. Anschließend im Mixer pürieren und durch ein Sieb streichen. Vor dem Anrichten aufkochen und die geschlagene Sahne unterheben.

3. Das Fenchelpüree auf einen Teller geben, die Keulen obenauf legen und mit wenig Olivenöl umgießen. Als Beilage eignen sich Fenchel, Broccoli und Tomatenviertel, die in wenig Gewürzöl ca. 3 Stunden bei 80 °C im Backofen „getrocknet" werden, sowie junge Kartoffeln, gekocht und in der Schale gebraten.

## Tipp

Das Öl kann mehrmals verwendet werden. Dazu jedoch nach dem Verwenden jeweils durch ein sehr feines Sieb passieren.

# Taubenbrust in milder Knoblauch-Koriandérwürze

Für 4 Personen

4 Taubenbrüste

**Würze**
½ Bund Koriander
¼ Knoblauchzehe
50 g weißes Reismehl

**Kartoffelpüree**
150 g Kartoffeln, geschält
feines Meersalz
20 g Sahne
120 g Butter
16 Knoblauchzehen, von jungem Knoblauch
100 ml Milch
30 g Butter
feines Meersalz

1. Die Taubenbrüste leicht gesalzen ca. 10–12 Minuten im auf 100 °C vorgeheizten Backofen garen. Danach 10 Minuten bei 55 °C ruhen lassen.

2. Für die Würze Koriander, Knoblauch und Reismehl im Mixer fein vermahlen.

3. Die Kartoffeln kochen, gut abdämpfen und im Thermomixer zusammen mit der Butter bei 50 °C mixen, bis ein sehr glattes Püree entsteht. Die Knoblauchzehen schälen und in der Milch einmal aufkochen lassen. Dann aus der Milch herausnehmen.

4. Die Taubenbrust in dem Knoblauch-Koriandermehl panieren und in der Pfanne von allen Seiten kurz braten. Das Kartoffelpüree auf dem Teller anrichten, die Brust schneiden und anrichten. Die Knoblauchzehen in Butter anbraten, salzen und über das Fleisch verteilen.

# Strudel vom Lammrücken

mit Cremolata

Für 4 Personen

480 g Lammrückenfilet (pariert), je 120 g
4 Blatt Strudelteig
80 g flüssige Butter
1 EL feines Mie de Pain
feines Meersalz

**Cremolatagemüse**
je 50 g Gemüsewürfel von Karotte, Sellerie, Lauch
2 EL Olivenöl
1 EL Olivenpaste
Abrieb ½ Orange
100 ml Weißwein
Rosmarin und
Thymian nach Geschmack
½ Knoblauch
Salz
150 ml Lammjus
20 g kalte Butter

**Zitronengelee**
10 g Ingwer
3 Stangen Zitronengras
150 ml Geflügelfond
150 ml Wasser
3 Limonen
2 g Agar-Agar
2 Blatt Gelatine

**Zitronenfond**
3 Zitronen
1,5 l Wasser
300 g Zucker

**Olivencoulis**
250 g Oliven „Bella di Cerignola"

1. Die Gemüsewürfel in Olivenöl anschwitzen und mit Weißwein abkühlen, reduzieren und die restlichen Zutaten zugeben. Kurz auf kleiner Stufe köcheln lassen und abschmecken.

2. Die Lammrückenfilets würzen, die erste Lage Strudelteig mit der flüssigen Butter bestreichen und mit dem Mie de Pain bestreuen. Nun die zweite Lage obenauf legen und den Teig der längs halbieren. Das Lamm im unteren Drittel des Teiges platzieren, nun mit der Cremolatawürze ca. 3 mm dick bestreichen und in die Teigbahn einrollen. In gleicher Art die restlichen Strudel einpacken. Die Strudel nun in Butter rundherum anbraten, bis sie braun sind, dann auf einen Teller setzen und bei 100 °C im Backofen ca. 20 Minuten garen.

3. Das Zitronengras andrücken und fein schneiden. Die Limonen filetieren, den Ingwer klein schneiden, zusammen mit den gehackten Zitronenschalen anschwitzen und mit dem Geflügelfond und Wasser auffüllen. Einmal aufkochen und eine Stunde ziehen lassen. Beim Passieren die Zutaten gut ausdrücken und den Zitronenfond abschmecken. Die Flüssigkeit mit Agar-Agar verrühren, aufkochen und die eingeweichte Gelatine einrühren. Auf ein Blech ca. 1 cm hoch füllen. Nach dem Erstarren in Würfel schneiden.

4. Für den Zitronenfond die Zutaten einmal aufkochen und zugedeckt 24 Stunden stehen lassen. Die Zitronenschale abschneiden und klein hacken. Den Fond aufheben.

5. Die Oliven entsteinen und mit Hilfe eines Entsafters den puren Olivencoulis gewinnen. Den Coulis bei Zimmertemperatur zur Seite stellen.

6. Die Lammjus erhitzen und die kalte Butter einrühren. Den Strudel rechts und links anschneiden, dann in der Mitte teilen und in der Tellermitte anrichten. Seitlich die Zitronengeleewürfel anlegen sowie das Gemüse anrichten. Zuletzt den Olivencoulis zwischen die Strudelhälften gießen und eventuell ein wenig Glace zugießen.

# Gemüse

Curry-Linsen mit Ziegenjoghurt
Gemüsemüsli
Pochiertes Ei mit geschmorter Kartoffel

# Curry-Linsen mit Ziegenjoghurt

**1.** Die Linsen mit dem Gemüse in Butter anschwitzen, Currypulver zugeben und mit der Brühe garkochen. Nun die Gemüse entfernen.

**2.** Vor dem Anrichten Crème Cru mit Zitronengras und Himbeeressig vermischen. Damit die Linsen anschließend in kleinen Schalen anrichten. Dazu wird der Joghurt serviert. Diesen kann man mit den Linsen mischen oder zum neutralisieren danach trinken bzw. löffeln.

Für 4 Personen

150 g Linsen
100 g Karotte, Schalotte, Sellerie gemischt (grob geschnitten)
30 g Butter
ca. 2 El Kashmir-Currypulver (nach Geschmack)
300 g Brühe
50 g Zitronengras, zerstoßen
150 g Crème Cru
1 Spritzer Himbeeressig
120 ml Ziegenjoghurt

a vie

# Gemüsemüsli

Für 4 Personen

**Gemüseflakes und Nüsse**
200 g kleine Kartoffeln
200 g Petersilienwurzel
200 g Karotten
1 Fenchelknolle à 150 g
100 g Sellerie
40 g Blattpetersilie, gezupft, nur die Blätter
je 5 g gefriergetrocknete Erbsen, Broccoli, Mais
10 g Pecannüsse, grob gehackt

**Milch**
1 kg Petersilienwurzeln
1,5 l Vollmilch, 3,5 %

1. Die Kartoffeln, die Petersilienwurzel und die Karotten schälen. Die Gemüse auf einer Reibe in dünne Scheiben schneiden und getrennt lagern. Diese Gemüsescheiben sowie die Blattpetersilie nach und nach in einer Friteuse ausbacken und auf einem Küchenkrepp abtropfen lassen. Den Fenchel und den geschälten Sellerie auf leicht geöltem Backpapier verteilen und im 80 °C heißen Backofen 60 Minuten trocknen. Die Backofentür sollte einen Spalt geöffnet sein. Alle Gemüse leicht salzen.

2. Die Petersilienwurzeln waschen, schälen und in walnussgroße Stücke schneiden. Mit der Milch in einen Topf geben, leicht salzen und einmal aufkochen lassen. Dann ca. 4 Stunden ohne Flamme ziehen lassen. Durch ein feines Sieb passieren, abschmecken und kalt stellen.

3. Die eiskalte Milch in eine Müslischale geben und servieren. Dann die gemischten Gemüseflakes sowie die Nüsse zugeben.

# Pochiertes Ei mit geschmorter Kartoffel

und Périgord-Trüffel

1. Die Kartoffeln in rechteckige Stücke schneiden (5 cm l, 3,5 cm b, 1,6 cm h). Die Mitte der Kartoffel mit einem Durchmesser von 1,8 cm ausstechen. Die so präparierten Kartoffeln mit dem Schmalz und dem Salz in einen Beutel geben, vakuumieren und 75 Minuten bei 99 °C im Dampf garen.

2. In der Zwischenzeit die Eier 45 Minuten bei 62 °C pochieren. Wenn die Eier fertig sind, bei 55 °C warm halten.

3. Nun die Kartoffeln mit dem Ei in einem tiefen Teller anrichten und mit Geflügelfond umgießen. Den Trüffel fein hobeln und auf die Eier legen. Als Garnitur eignen sich geröstete Hühnerhaut und junger Lauch.

Für 4 Personen

4 große Kartoffeln
2 El Gänseschmalz
feines Meersalz
4 Eier
20 g Trüffel
100 ml Geflügelfond

etwas geröstete Hühnerhaut
etwas junger Lauch

# Desserts

Vacherineis
Crème Brûlée vom Epoisse
Geliertes Süppchen von Rosé
Kaffee-Haselnuss-Schnitte
Gewürzte Kakaobohne im Glas
Moelleux au Chocolat

# Vacherineis

Für 4 Personen

80 g Sahne
100 g Vacherin
Fleur de Sel
40 g Crème fraîche
80 g Sauerrahm
20 g Eigelb
1 Prise Zucker

Akazienhonig
Schafskäse

1. Die Sahne mit dem Vacherin und dem Salz aufkochen, Crème fraîche und Sauerrahm dazugeben und unterrühren. Mit geschlagenem Eigelb und Zucker zur Rose abziehen, dann in der Eismaschine rühren lassen.

2. Eine Nocke vom Eis in einen tiefen Teller geben. Akazienhonig darübergießen und mit grob geriebenem Schafskäse bestreuen.

# Crème Brûlée vom Epoisse

Für 4 Personen

**Crème Brûlée**
190 g Sahne
70 g Milch
4 Blätter Gelatine
250 g Epoisse
75 g Eigelb
25 g Vollei
1 Prise Fleur de Sel
ca. 40 ml Champagner

**Eingelegte Wildfeigen**
10 g Zucker
100 ml roter Portwein
100 ml Rotwein
4 getrocknete Wildfeigen

1. Die Sahne mit der Milch und etwas Salz aufkochen, den Champagner und die eingeweichte, gut ausgedrückte Gelatine dazugeben. Den Epoisse einmixen und durch ein Sieb zu den miteinander verrührten Eiern gießen. In Formen füllen und bei 85 °C ca. 30–40 Minuten dämpfen.

2. Den Zucker karamellisieren und mit dem Alkohol aufgießen. Einmal aufkochen lassen, die Wildfeigen dazugeben und 2–3 Tage marinieren.

3. Die Oberfläche der Crème mit braunem Rohrzucker bestreuen und mit einem Brenner oder unter dem Grill karamellisieren. Die karamellisierte Crème Brûlée in die Mitte eines tiefen Tellers geben. Die eingelegten Feigen vierteln und um die Crème Brûlée legen. Den Portweinsud reduzieren, bis er sirupartig ist, und über die Feigen gießen.

# Geliertes Süppchen von Rosé

mit Champagner und Himbeeren mit Zitronengrasschaum

Für 4 Personen

**Geliertes Süppchen**
600 ml Muscato d'Asti
75 g Zucker
6 g Pektin
20 g Zitronenthymian
250 ml Rosé Champagner

**Litschi-Sorbet**
225 g Wasser
75 g Glukose
120 g Zucker
3 g Pektin
500 g Litschisaft (Püree)
25 g Naturjoghurt
35 g Trimolin

**Focaccia mit Zitronenthymian**
180 ml lauwarmes Wasser
25 g Hefe
250 g Mehl
3 g Fleur de sel
12 g Zucker
40 ml Olivenöl
Zitronenthymian
Zitronenzesten

**Zitronengrasschaum**
250 ml Muscato d'Asti
10 Stangen Zitronengras
1 Blätter Gelatine
Zesten von einer unbehandelten Limone

1. Den Muscato d'Asti mit dem Zucker aufkochen, das Pektin dazugeben und abziehen. Auskühlen lassen, gezupften Zitronenthymian hinzugeben und mit Champagner auffüllen.

2. Für das Litschi-Sorbet Wasser mit der Glukose aufkochen, mit der Zucker-Pektinmischung abbinden und 30 Sekunden durchkochen. Auf den Litschisaft passieren, den Naturjoghurt und das Trimolin einmixen. In der Eismaschine gefrieren.

3. Das Wasser mit Hefe vermischen und 10 Minuten gehen lassen. Das Mehl mit Salz und Zucker vermischen und mit dem Wasser-Hefegemisch in der Maschine verkneten. Etwas Zitronenthymian und Zitronenzesten zufügen, zu einem glatten Teig kneten, zum Schluss Olivenöl zugeben und kurz mitkneten. Den Teig 20 Minuten gehen lassen, nochmals mit der Hand durchkneten, zu einem Laib formen und weitere 10 Minuten abgedeckt gehen lassen. Bei 160 °C ca. 20 Minuten goldgelb backen. Auskühlen lassen, in Folie einwickeln und tiefgefrieren. Mit einer Aufschnittmaschine oder einem scharfen Brotmesser in dünne Scheiben schneiden und ca. 1 Stunde bei 60 °C im Ofen trocknen lassen, die Tür dabei einen Spalt offen lassen.

4. Den Muscato aufkochen, so dass der Alkohol etwas verkocht. Geschnittenes Zitronengras beifügen, ebenso die Limonenzesten. Etwa 2 Stunden ziehen lassen, passieren und die eingeweichte Gelatine in einem Teil des Fonds auflösen. Den restlichen Fond unterheben, in eine Espumaflasche abfüllen und mit 2 Gaspatronen versehen.

5. Das Süppchen zuerst in ein Glas oder in einen tiefen Teller füllen, dann das Litschi-Sorbet hinzugeben und mit dem Zitronengrasschaum auffüllen. Das Focaccia quer darüberlegen.

# Kaffee-Haselnuss-Schnitte

mit weißem Kaffeeeis

Für 4 Personen
muss 24 Stunden ziehen

**Weißes Kaffeeeis**
250 ml Sahne
150 ml Milch
70 g Zucker
30 g Kaffeebohnen
30 g Espressobohnen
100 g Eigelb

**Kaffee-Haselnuss-Schnitte**
**Boden**
60 g Butter
30 g brauner Zucker
Prise Salz
3 Eigelb
50 g Muscovadozucker
80 g gehackte, geröstete Haselnüsse
100 g Mehl
3 Eiweiß
70 g brauner Zucker

**Buttercreme**
250 g Butter
100 g Ei
80 g Zucker
20 g Glukose
Haselnusslikör
Kaffeelikör

**Überzugsmasse**
40 g Sahne
100 g Läuterzucker
20 g Glukose
110 g dunkle Kuvertüre
10 g Haselnusslikör

1. Für das weiße Kaffeeeis Milch mit der Sahne und dem Zucker aufkochen, Kaffee- und Espressobohnen dazugeben. Einmal aufkochen lassen und mit dem Eigelb zur Rose abziehen. Danach 24 Stunden ziehen lassen, passieren und in der Eismaschine gefrieren.

2. Die Butter mit dem Zucker und der Prise Salz schaumig schlagen, das Eigelb nach und nach dazugeben. Den Muscovadozucker, gehackte Haselnüsse und Mehl unterheben. Das Eiweiß mit braunem Zucker steif schlagen, ebenfalls unterheben. Im Backblech 10–15 Minuten bei 200 °C backen.

3. Die Butter weiß schaumig schlagen, parallel die Eier mit Zucker und Glukose im Wasserbad warm schlagen, danach kalt schlagen und unter die weiß geschlagene Butter heben. Einen Teil mit Haselnusslikör und einen Teil mit Kaffeelikör aromatisieren. Eine Schicht Buttercreme auf den Boden aufstreichen, anziehen lassen und die zweite Buttercreme auf die erste Schicht Buttercreme aufstreichen.

4. Die Sahne mit Läuterzucker und Glukose aufkochen, auf die geschmolzene Kuvertüre passieren, mit Haselnusslikör aromatisieren und bis zur Bindung glatt rühren, ohne dabei Luft unterzurühren. Zum Schluss über die zweite Schicht Buttercreme geben, fest werden lassen und portionieren.

5. Die Kaffee-Haselnuss-Schnitte portionieren und mit dem Kaffeeeis anrichten. Nach Geschmack dekorieren. Dazu passen zum Beispiel Haselnusskrokant, Schokoladenblätter oder kleine Nougatstückchen.

# Gewürzte Kakaobohne im Glas

**1.** Für den Krokant die Glucose mit Butter und Wasser aufkochen lassen, den Zucker und das Pektin vermischen und dazugeben, nur kurz kochen lassen. Auf eine Backmatte streichen und 5–10 Minuten bei ca. 180 °C backen, abkühlen lassen und in Stücke brechen.

**2.** Das Wasser mit Milch, Zucker, Glucose und Kakao aufkochen lassen, über die flüssige Kuvertüre geben, glatt rühren und in der Eismaschine gefrieren.

**3.** Für den Kakaoschaum alle Zutaten ohne das Lecithin kurz aufkochen lassen, mit Folie abdecken und ca. 30 Minuten ziehen lassen. Anschließend passieren und kalt stellen. Vor Gebrauch 1,8–2 g Lecithin einmixen und mit geringer Kraft mit dem Mixer einen Schaum schlagen.

**4.** Für die Kakaobohnen-Crumble die kalte, in Würfel geschnittene Butter und das Mehl mit dem Knethacken vermischen, dann den Zucker dazugeben. Dann die restlichen Zutaten unterkneten. Die Crumblemasse in die gewünschte Form drücken oder streuen und ca. 10–15 Minuten bei 150 °C backen.

**5.** Die Kuvertüre temperieren, auf eine feste Folie streichen und die Gewürze aufstreuen. Kalt stellen. Vor dem Anrichten brechen, einen Teil als Dekoration verwenden und den Rest zerkleinert über das Eis geben.

**6.** Das Kakaocrumble und das gebrochene Kakaobohnen-Krokant in ein Glas geben. Eine Nocke Kakaosorbet mit den zerkleinerten Schokoladenblättern bestreuen. Den Kakao-Lecithin-Schaum auf die Eisnocke geben und mit Krokant und Schokoladenblatt dekorieren.

Für 4 Personen

**Kakaobrösel-Krokant**
50 g Butter
25 g Glucose[1]
25 ml Wasser
75 g Zucker
1,25 g Pektin NH[2]

**Kakaosorbet**
200 ml Wasser
50 g Milch, 75 g Zucker
20 g Glucose, 15 g Kakao
50 g flüssige Kuvertüre

**Kakaoschaum**
1 l Wasser, 100 g Zucker
100 g Kakaobohnen
5 g Zimtblüte
1 Kardamomkapsel
½ Vanilleschote
1 Sternanis
etwas Currypulver
1,8–2 g Sojalecithin[2]

**Kakaobohnen-Crumble**
80 g Butter, 80 g Mehl
80 g brauner Zucker
½ Vanilleschote
6 g Fleur de Sel
80 g gemahlene Mandeln
20 g fein gemahlene Kakaobohnen
25 g grob gemahlene (zerstoßene) Kakaobohnen

**Gewürzte Schokoladenblätter**
grober brauner Zucker
Currymischung (Cashmir Curry Edition)
Pfeffermischung
Fleur de Sel
Kakaobohnen
250 g Kuvertüre (62–72 %)

1) Reformhaus oder kleine Mengen vom Konditor
2) in der Apotheke oder im Fachhandel

## Tipp

Dieses Dessert ist auch mit Früchten, Nüssen und Beeren ein schokoladiger Genuss.

la vie

# Moelleux au Chocolat

mit Buttermilch-Heidelbeereis und karamellisierten Macadamianüssen

Für 4 Personen

**Moelleux au Chocolat**
90 g weiche Butter
95 g bittere Schokolade
120 g Zucker
3 Eier
40 g gesiebtes Mehl
50 g halbierte Heidelbeeren

**Buttermilch-Heidelbeereis**
500 g Buttermilch
80 g Zucker
20 g Glukose
50 g Naturjoghurt
100 g Eigelb
1 Schale Heidelbeeren

**Karamellisierte Macadamianüsse**
200 g Macadamianüsse
100 g Zucker
20 g Wasser
5 g Fleur de Sel
10 g gesalzene Butter

1. Die Eier mit dem Zucker schaumig schlagen. Die Schokolade mit der Butter bei ca. 40 °C schmelzen und mit dem aufgeschlagenen Ei mischen. Nun das gesiebte Mehl unterheben. Alles zusammen noch einmal kurz weiterschlagen und zum Schluss die Heidelbeeren per Hand unterheben. Die Masse anschließend 2 Stunden im Kühlschrank durchkühlen lassen und zum Backen in eine gezuckerte Timbaleform oder kleine Tassen abfüllen und 8–10 Minuten bei 220 °C im Backofen backen.

2. Die Buttermilch mit der Glukose und dem Zucker auf 80 °C erhitzen, auf das Eigelb passieren und erneut auf 80 °C erhitzen, zur Rose abziehen. Den Joghurt einmixen und in der Eismaschine gefrieren. Kurz vor dem Anrichten die Heidelbeeren mit unterrühren.

3. Den Zucker und das Wasser klar kochen, im Ofen geröstete Macadamianüsse dazugeben und gut durchrühren. Dann von der Flamme nehmen. Die Nüsse mit dem Karamell so lange weiterrühren, bis sich eine kristalline Zuckerschicht um die Nüsse gebildet hat. Die Nüsse in einem neuen Topf bei mittlerer Hitze karamellisieren lassen. Zum Schluss mit Fleur de Sel salzen und die Butter zufügen. Danach auf eine Arbeitsfläche geben und im heißen Zustand einzeln ausbreiten.

4. Das Moelleux au Chocolat auf der linken Seite des Tellers anrichten und mit Puderzucker bestäuben. Das Buttermilch-Heidelbeereis daneben platzieren und die karamellisierten Macadamianüsse um das Eis streuen.

# Kleinigkeiten

Auster auf Gänseleber
Gin Fin Fizz mit Kaviar
Langoustinetempura
Whisky Sour mit Schaum
Molkeschaum
Krokant-Variation
Erdbeermojito

# Auster auf Gänseleber

Für 4 Personen

300 g Gänsestopfleber aus dem Périgord
4 Gillardeau-Austern
1 Scheibe Toastbrot
10 g Kaviar „Ossietre Imperial"

1. Die Gänsestopfleber in 4 Würfel mit einer Kantenlänge von 2 cm schneiden und wieder kalt stellen. Die Austern öffnen, vom Bart befreien und in einer Schale bei Zimmertemperatur (wichtig!) aufbewahren. Das sich bildende Wasser entfernen. Später grob schneiden.

2. Die Toastbrot Scheibe anfrieren, in möglichst dünne Schreiben schneiden und daraus 4 Rechtecke mit einer Kantenlänge von 4 cm x 2 cm schneiden. Diese an einem warmen Ort trocknen.

3. Die gekühlten Gänseleberwürfel auf je einen Löffel legen, mit dem getrockneten Brot belegen und obenauf die geschnittenen Austern verteilen. On top gibt man den Kaviar. Direkt servieren. Bitte kein zusätzliches Salz verwenden.

# Gin Fin Fizz mit Kaviar

Für 4 Personen

20 ml Läuterzucker
150 ml Wasser
80 ml Lime Juice
85 ml Gin
1 Blatt Gelatine
pro Person 6 g Kaviar „Ossietre Imperial"

1. Den Läuterzucker mit 50 ml Wasser, dem Lime Juice und dem Gin mischen. Die Gelatine einweichen, gut auspressen und in 100 ml Wasser auflösen. Das Wasser zu der Alkoholmischung geben und im Eiswürfelbereiter 6 mm hoch einfrieren. Mindestens 6 Stunden durchfrieren lassen.

2. Den gefrorenen Gin Fizz auf einem Löffel anrichten, temperieren lassen, bis eine leicht „mürbe" Konsistenz entsteht, dann den Kaviar obenauf geben und direkt servieren.

# Langoustinetempura

mit Olivencoulis und Zitrone

Für 4 Personen

**Langoustinebällchen**
5 Stück Kaisergranat
20 g Forellenkaviar
10–15 Scheiben fetter Speck (Lardo di Colonnata)
1 Prise feines Meersalz
1 l Kokosfett

**Tempurateig**
1 Eigelb
¼ l Eiswasser
Tempuramehl

**Ztronengelee**
muss 27 Stunden ziehen
1 Zitrone
1,0 l Wasser
200 g Zucker
2 Staude Zitronengras
1 Limone
1 dünne Scheibe frischer Ingwer
100 ml Geflügelfond
100 ml Wasser
1 g Agar-Agar
1 Blatt Gelatine

**Olivencoulis**
15–20 große vollfleischige grüne Oliven „La Bella di Cerignola"

1. Für die Langoustinebällchen die Kaisergranatschwänze von der Schale befreien, den Darm entfernen und nicht zu fein hacken. Wenn die Kaisergranat von selbst Bindung bekommen, den in einem Sieb abgewaschenen Forellenkaviar zugeben und gut untermischen. Nicht mehr hacken. Nun die Masse leicht salzen und in Kugeln von 2 cm Durchmesser formen und kalt stellen. Den in hauchfeinen Scheiben geschnittenen Lardo auf Pergament legen und die Kaisergranat-Kugeln darin einwickeln und im Tiefkühler 2 Stunden durchkühlen lassen.

2. Für den Tempurateig Ei und Wasser mischen, dann mit Hilfe von 2 japanischen Essstäbchen so lange Mehl einrühren, bis eine leichte Bindung entsteht. Die Masse braucht nicht klumpenfrei sein.

3. Für das Zitronengelee die Zitronen in Zucker und Wasser aufkochen, dann zugedeckt 3 Stunden ziehen lassen. Nach dem Auskühlen die Limonen noch 24 Stunden in dem Sud stehen lassen. Den Zitronen-Zuckerfond aufbewahren. Nun die Schalen sorgsam vom Fruchtfleisch trennen. Es werden nur die Schalen, ohne die weiße Haut verwendet. Diese fein schneiden und zusammen mit dem fein geschnittenen Zitronengras, dem Fruchtfleisch der Limone, dem Ingwer sowie dem Geflügelfond und Wasser aufkochen und 1 Stunde ziehen lassen. Dieser nun entstandene Fond ist sehr bitter und wird noch mit dem Zitronen-Zuckerwasser abgeschmeckt und dann passiert. 200 ml des Fonds werden nun 2 eingeweichte Blätter Gelatine und 1,5 g Agar-Agar zugegeben. Diesen nun kurz aufkochen, dann in ein Gefäß oder Blech 3 mm hoch einfüllen. Nach dem Erkalten können gleichmäßige Würfel geschnitten werden.

4. Die Oliven vom Kern befreien und in einen Entsafter geben. Den nun entstandenen Olivensaft passieren und bei Zimmertemperatur aufbewahren. Die Kaisergranatbällchen noch einmal in Tempuramehl wälzen und dann in den Teig geben und direkt in reichlich Öl schwimmend frittieren. (ca. 160 °C). Die Bällchen sollen innen leicht warm sein. Auf die bereitgestellten Löffel geben wir zunächst ein wenig Olivencoulis, darin verteilen wir 6–7 Zitonengeleewürfel geben. Darauf wird das warme Tempurabällchen gegeben.

# Whisky Sour mit Schaum

Für 4 Personen

350 g Passionsfruchtmark
150 g Läuterzucker
75 g Wasser
220 g Jack Daniel's

1 Blatt Gelatine

1. Aus 75 g Wasser und 75 g Zucker Läuterzucker kochen, auskühlen lassen und mit dem Passionsfruchtmark, dem Wasser und dem Whisky vermischen.

2. Für den Schaum ein Blatt Gelatine in 250 g Whisky Sour auflösen. In eine Espumaflasche füllen und eine Stunde durchkühlen lassen.

3. Den Whisky Sour in kleine Shotgläser zu ¾ einfüllen, obenauf den Schaum sprühen und direkt servieren. Nach Möglichkeit in einem Schluck trinken.

# Molkeschaum

Für 4 Personen

½ l Molke
1 Blatt Gelatine
2 Patronen für Sahnebläser

Preiselbeeren

1. Die Molke kurz aufkochen und die eingeweichte Gelatine zugeben. In einen Sahnebläser füllen und 2 Patronen unter Schütteln zugeben. Den Sahnebläser im Kühlschrank 2 Stunden durchkühlen lassen und direkt vor dem Servieren den Molkeschaum auf einen Löffel spritzen.

2. Auf einem Löffel eine kleine Portion Preiselbeeren anrichten und den Molkeschaum obenauf sprühen.

# Krokant-Variation

Passionsfrucht-Zimtblütenkrokant mit Pistazien
Mohn-Anissaat-Hippe
Sonnenblumenkernkrokant mit getrockneten Himbeeren

Für 4 Personen

## Passionsfrucht-Zimtblütenkrokant mit Pistazien

50 g Butter
50 g brauner Zucker
50 g weißer Zucker
50 g Passionsfruchtmark
45 g Mehl
gehackte Pistazien
gemahlene Zimtblüte

Für das Passionsfrucht-Zimtblütenkrokant mit Pistazien Butter mit braunem und weißem Zucker in der Rührmaschine weiß schlagen. Das Passionsfruchtmark zufügen und kurz unterheben. Dann in drei Etappen das Mehl zufügen und unterheben. Die Masse dünn mit einer Palette auf eine Backmatte streichen, gehackte Pistazien aufstreuen und bei 160 °C Ober- und Unterhitze goldgelb backen. Nach dem Backen sofort mit gemahlener Zimtblüte bestäuben, auskühlen lassen in Form brechen.

## Mohn-Anissaat-Hippe

20125 g Zucker
125 g Eiweiß
100 g Mehl
Blaumohnsaat
Anissaat

Für die Mohn-Anissaat-Hippe die Butter mit dem Zucker in der Rührmaschine weiß schlagen, das Eiweiß zugeben und unterrühren, das Mehl in drei Etappen hinzufügen und unterheben. Die Masse dünn mit einer Palette auf eine Backmatte streichen, mit Mohn bestreuen und einzelne Aniskörner mit aufstreuen. Bei 160 °C gleichmäßig backen. Direkt zuschneiden, dann auskühlen lassen.

## Sonnenblumenkernkrokant mit getrockneten Himbeeren

125 g Butter
50 g Glukose
20 g Wasser
150 g Zucker
6 g Pektin
200 g Sonnenblumenkerne
getrocknete Himbeeren

Die Butter mit Glukose und Wasser aufkochen, mit der Zucker-Pektinmischung abbinden. Dazu Zucker und Pektin miteinander vermischen, in die kochende Butter-Glukose-Wassermischung einrühren und 30 Sekunden durchkochen. Mit einer Palette auf eine Backmatte streichen, die Sonnenblumenkerne aufstreuen und bei 160 °C goldbraun backen. Nach dem Backen getrocknete Himbeeren aufstreuen und die Backmatte auf die Arbeitsfläche stürzen, auskühlen lassen und in Stücke brechen.

# Erdbeermojito

mit Zitronengrasschaum

Für 4 Personen

**Erdbeermojito**
150 g Erdbeerpüree
75 g Passionsfruchtmark
75 g Läuterzucker
80 g Wodka
80 g Cachaça

**Zitronengrasschaum**
200 ml Muscato d'Asti
6 Stängel Zitronengras
Abrieb von einer Limone
1 Blatt Gelatine

45 g brauner Zucker
1/8 Bund Minze

1. Für den Erdbeermojito das Erdbeerpüree, Passionsfruchtmark, Läuterzucker, Wodka und Cachaça mischen, 2 Stunden im Kühlschrank durchziehen lassen.

2. Für den Zitronenschaum Muscato aufkochen und kurz durchkochen. Das Zitronengras etwas quetschen, klein schneiden und mit dem Limonenabrieb 4 Stunden in dem Sud ziehen lassen. Dann durch ein Sieb passieren und die eingeweichte Gelatine in einem Teil des erhitzten Fonds auflösen. In eine Espumaflasche füllen und mit 2 Gaspatronen versetzen. Anschließend 4 Stunden durchkühlen lassen.

3. Den Mojito mit braunem Zucker und fein gehackter Minze vermischen, in Gläser abfüllen und den Zitronengrasschaum aufsprühen.

# REGISTER

# REGISTER



**Impressum**


Thomas Bühner
2008 © Bibliothek der Köche für die Süddeutsche Zeitung Edition,
Süddeutsche Zeitung GmbH, München

Fotografie: Bernd Grundmann
Texte: Ingo Swoboda
Rezepte: Thomas Bühner
Art Director: Eberhard Wolf
Grafik: Julia Wolf, Dennis Schmidt
Projektmanagement: Katinka Holupirek
Projektleitung: Dirk Rumberg

Litho: JournalMedia GmbH, München
Herstellung: Hermann Weixler, Luitgard Ludwig
Druck und Bindung: Holzhausen Druck & Medien GmbH, Wien





Printed in Austria
ISBN: 978-3-86615-566-4

## Bibliothek der Köche

# Einfach kochen wie die Besten

## Sterneköche für zu Hause

## Alle 20 Bände der **Bibliothek der Köche** auf einen Blick:

DIETER MÜLLER & NILS HENKEL
Bergisches Land, ISBN: 978-3-86615-551-0

JOHANNES KING
Sylt, ISBN: 978-3-86615-552-7

HARALD RÜSSEL
Mosel, ISBN: 978-3-86615-553-4

MARTIN FAUSTER
München, ISBN: 978-3-86615-554-1

MARTIN GÖSCHEL
Frankfurt, ISBN: 978-3-86615-555-8

ALI GÜNGÖRMÜS
Hamburg, ISBN: 978-3-86615-556-5

THOMAS KELLERMANN
Berlin, ISBN: 978-3-86615-557-2

JÖRG GLAUBEN
Pfalz, ISBN: 978-3-86615-558-9

ERIC MENCHON
Köln, ISBN: 978-3-86615-559-6

ALEXANDER HERRMANN
Oberfranken, ISBN: 978-3-86615-560-2

FRANK BUCHHOLZ
Rhein-Main, ISBN: 978-3-86615-561-9

TILLMANN HAHN
Mecklenburger Bucht, ISBN: 978-3-86615-562-6

PETER MARIA SCHNURR
Sachsen, ISBN: 978-3-86615-563-3

BERNHARD DIERS
Stuttgart, ISBN: 978-3-86615-564-0

MICHAEL FELL
Oberbayern, ISBN: 978-3-86615-565-7

THOMAS BÜHNER
Osnabrücker Land, ISBN: 978-3-86615-566-4

ANDREE KÖTHE & YVES OLLECH
Mittelfranken, ISBN: 978-3-86615-567-1

KARL-EMIL KUNTZ
Mittlerer Oberrhein, ISBN: 978-3-86615-568-8

ACHIM SCHWEKENDIEK
Weserbergland, ISBN: 978-3-86615-569-5

JOHANN LAFER
Hunsrück, ISBN: 978-3-86615-570-1

---

Jeder Einzelband der Bibliothek der Köche ist erhältlich **für 14,95 Euro**, die komplette Bibliothek der Köche für **nur 11,– Euro pro Band** (220,– Euro statt 299,– Euro bei Abnahme aller 20 Bände)

im Internet unter **www.sz-shop.de**
oder per Telefon unter **01805–262167** (0,14 Euro/Min. aus dem dt. Festnetz, abweichender Mobilfunktarif möglich.)

* Bei Bestellung der Gesamtedition 220,– € für alle 20 Bände, das sind nur 11,– € pro Buch; bei Kauf von Einzelbänden je 14,95 €. Sie sparen 79,– € gegenüber dem Kauf von Einzelbänden.

# Ihre Vorteile:

1. **Sie sparen 79,– €** gegenüber dem Einzelkauf und zahlen nur 11,– €* pro Band.
2. **Einfache Lieferung** – Sie erhalten automatisch alle vier Wochen zwei neue Bände bequem zu sich nach Hause. Ab August 2008 erhalten Sie alle Bände in einer Lieferung.
3. **Keine Versandkosten** – alle Lieferungen sind garantiert versandkostenfrei.
4. **Kein Risiko** – Sie können Ihre Bestellung jederzeit ohne Angabe von Gründen beenden. Einfache Rücksendung der Ware oder Mitteilung an den Verlag genügt.